吴祐昕　编著

新媒体环境下的
品牌策划

清华大学出版社

北京

版权所有，侵权必究。举报：010-62782989，beiqinquan@tup.tsinghua.edu.cn。

图书在版编目（CIP）数据

新媒体环境下的品牌策划 / 吴祐昕编著. —北京：清华大学出版社，2022.3
ISBN 978-7-302-59309-6

Ⅰ. ①新⋯　Ⅱ. ①吴⋯　Ⅲ. ①品牌－企业管理　Ⅳ. ① F273.2

中国版本图书馆 CIP 数据核字 (2021) 第 200879 号

责任编辑：纪海虹
封面设计：代福平　赵一璇　冯若琪　程　淅
责任校对：王荣静
责任印制：杨　艳

出版发行：清华大学出版社
　　　　　网　　址：http://www.tup.com.cn，http://www.wqbook.com
　　　　　地　　址：北京清华大学学研大厦 A 座　　邮　编：100084
　　　　　社 总 机：010-83470000　　邮　购：010-62786544
　　　　　投稿与读者服务：010-62776969，c-service@tup.tsinghua.edu.cn
　　　　　质 量 反 馈：010-62772015，zhiliang@tup.tsinghua.edu.cn
印 装 者：小森印刷（北京）有限公司
经　　销：全国新华书店
开　　本：185mm×260mm　　印　张：12.75　　字　数：358 千字
版　　次：2022 年 3 月第 1 版　　印　次：2022 年 3 月第 1 次印刷
定　　价：78.00 元

产品编号：086134-01

目录

选课高校内
网登陆端口

第一章 品牌触角向内也向外

1   第一节 品牌内向触角：如何内化品牌核心价值
1   一、品牌与核心价值
3   二、大创意造就品牌哲学

6   第二节 品牌外向触角：如何预判行业趋势
6   一、采集市场规模数据
8   二、打造品牌价值链
10   三、理解销售渠道
11   四、如何细分市场

13   第三节 品牌外向触角：如何挖掘主要客户群体需求
13   一、消费习惯的养成
14   二、消费决策的决定因素
17   三、消费者动态画像

20   第四节 品牌外向触角：知彼知己
20   一、一个有竞争力的品牌研发过程
22   二、品牌共鸣模型
23   三、品牌的营销策略

第二章 设计重塑新媒体环境下的品牌体验

27   第一节 选择哪把交椅
27   一、品牌愿景
30   二、界定主要目标群体
32   三、品牌定位
35   四、核心价值（理性价值/感性价值）

37	五、品牌画像
39	第二节　符号性的品牌文化
39	一、品牌元素
41	二、Logo 设计的概念
45	三、品牌形象代表
47	四、产品风格及经典设计元素
53	五、独特的包装风格形态以及经典元素
58	六、起名策划
64	第三节　品牌与商标的异同
64	一、共性
65	二、差异

第三章　品牌的数字化营销与案例

67	第一节　产品策略
67	一、产品线设计与数字化营销策略
70	二、产品设计与数字化营销策略
72	三、数字化时代下的包装设计
74	四、情感化设计与数字化营销策略
76	第二节　服务设计策略与数字化营销
76	一、社会的发展变化
76	二、服务设计的概念
77	三、服务模式的创新
77	四、人工智能的服务模式
78	五、AMAZON GO
78	第三节　产品定价策略
79	一、影响价格的主要因素
80	二、基于用户定价
80	三、基于竞品的定价
81	第四节　品牌数字化营销战略与案例
81	一、渠道组合策略之第三方渠道数字化营销战略
83	二、品牌数字化营销战略与案例
84	第五节　个性化营销
84	一、个性化营销之体验
85	二、客户关系管理
88	第六节　社会化营销战略
88	一、社交媒体的运用与布局

90	二、微博营销	
93	三、微信营销	
96	四、LBS 场景营销之位置签到	
100	五、LBS 场景营销之即时推送	
102	六、LBS 场景营销之四维空间	

第四章　品牌穿越 O2O

105	第一节　线上平台策略	
105	一、自建 / 加盟	
108	二、线上平台策略（PC 平台 / 移动平台）	
110	第二节　线下模式策略	
110	一、线下模式策略（休验店 / 社区店）	
112	二、线下模式策略（上门服务）	
115	第三节　引流及联动策略	
115	一、引流及联动策略（线上往线下引流 / 线下往线上引流）	
118	二、引流及联动策略（多元化入口）	
120	第四节　品牌的多屏战略	
120	一、品牌的多屏时代	
124	二、品牌的跨界营销	

第五章　皇帝的新装——品牌新媒体策略

129	第一节　喜新不厌旧的年度传播主题及形式	
129	一、年度传播形式该怎么玩？	
129	二、回顾历史足迹，引"怀旧"	
130	三、加深品牌形象"我依然很棒！"	
131	四、充满责任感，给予未来承诺	
131	五、述说品牌故事，让品牌"升温"	
131	六、共同成长，感恩支持	
131	七、博眼球，做联名设计发新品	
132	八、创新互动送"福利"	
133	第二节　媒体运用策略	
133	一、传统媒体焕新颜	
137	二、户外交互式广告：品牌和你玩暧昧	
140	三、网络富媒体广告：感官冲击新体验	
144	四、体育赛事广告：围栏也不安分	

146	五、RTB 广告：你自己看着办	
151	六、智能快递柜：现代人的到此一游	
153	七、HTML5 广告：技术与艺术的结合	
156	八、无人新零售：消费者的极致体验	
158	第三节　社会化媒体传播策略	
158	一、社交网站媒体策略、内容策略	
161	二、微博、微信	
163	三、抖音与移动化	
167	四、让消费者成为员工	
170	第四节　狂欢与仪式感	
170	狂欢与仪式感（娱乐、体育、艺术赞助）	
172	第五节　爱豆经济	
172	代言人、代言物策略（自媒体和粉丝经济）	
173	第六节　公益与商业相遇	

第六章　品牌信息与架构

175	第一节　品牌架构	
175	一、品牌数量与主副品牌、母子品牌的关系	
175	二、区分主副品牌、母子品牌（概念）	
175	三、主副式品牌结构	
176	四、母子式品牌结构	
176	五、主副品牌：从属关系，有副品牌必有主品牌；无主品牌则副品牌完全无用	
177	第二节　品牌联盟	
177	一、什么是品牌联盟？	
177	二、联盟宗旨	
178	三、品牌联盟的 Logo 有哪些含义？	
180	第三节　品牌地图	
180	一、什么是品牌地图？	
181	二、美国品牌地图：为品牌标注地标	
182	三、全球 500 强企业的世界品牌	

183　附录 1　图片来源

191　附录 2　参考文献

第一章
品牌触角向内也向外

第一节 品牌内向触角：如何内化品牌核心价值

一、品牌与核心价值

扫码看视频

可口可乐公司有一句非常著名的企业宣言："假如有一天，可口可乐在全世界的工厂一夜之间被火烧光，那也没关系，过不了多久我们就可以在所有废墟上重建新的厂房，因为全世界所有的银行一定会在第一时间争相给我们贷款。"[1]

品牌的英文单词"brand"，有"烧灼"的意思。人们曾用这种方式来标记自家的家畜，以区别于别人的私有财产。[2]（图1-1）

16世纪的欧洲，行会要求手工匠人用这种打烙印的方法在自己的手工艺品上烙下标记，以便顾客识别产品的产地和生产者。这就产生了最初的商标，并以此为消费者提供担保和法律保护。

品牌是什么？唐·舒尔茨认为："品牌是为买卖双方所识别并能够为双方都带来价值的东西。"[3] 品牌是一种关系，是生产者与消费者之间较为牢固的特殊关系，能够双向传递价值。（图1-2）

[1] http://www.sohu.com/a/228083307_116044.

[2] http://groups.tianya.cn/post-184619-1f8cc72176d25c.

[3] http://www.sohu.com/a/228817831_116044.

扫码看课件

图1-1 中世纪家畜标记

图1-2 品牌"Old Smuggler"

品牌核心价值（brand core value）是指一个品牌承诺并兑现给消费者的最主要、最具差异性与持续性的理性价值、感性价值或象征性价值。它让消费者明确、清晰地识别并记住品牌，是驱动消费者认同、喜欢乃至爱上一个品牌的主要力量，不管媒体环境如何变化，品牌核心价值总是品牌策划的重中之重。[4]

[4] https://wiki.mbalib.com/wiki/品牌核心价值

探寻品牌核心价值的时候，我们一般从3大价值主题入手：理性价值、感性价值和象征性价值。强势品牌往往兼具这三大价值主题。

（一）理性价值（品牌利益）

理性的品牌核心价值着眼于功能性利益或者相关的产品属性，强调如功效、性能、质量、便利性等，包括品牌为消费者提供的购买该品牌产品而非其他品牌产品的利益或理由。例如，宝洁的洗发水品牌通过功效对旗下品牌进行核心价值区隔（表1-1）。这在快速消费品行业相当常见。

表1-1 洗发水品牌核心价值

品牌	理性价值	品牌	理性价值
飘柔	让头发飘逸柔顺	海飞丝	快速去除头屑
潘婷	补充头发营养，更乌黑亮泽	沙宣	专业头发护理

（二）感性价值（品牌情感）

感性的品牌核心价值投射出人们尚待满足的情感需要、承担社会责任的期望，以及能在内心深处交会的强烈愿望，很多强势品牌在理性价值之外往往包含感性价值（表1-2）。成功的品牌常常就在微妙的差别中找到自己。

表1-2 品牌感性价值案例

感性价值	口号标识	品牌
我们是谁？	I'm lovin'it 我就喜欢	麦当劳餐厅
我们被人喜欢吗？	一缕浓香，一缕温暖	南方黑芝麻糊
我们要传达的热情是什么？	Think different	苹果电脑
我们想把热情和谁分享？	All for Freedom Freedom For All	哈雷机车
我们值得信赖吗？	Taste of family 家的味道	牛头牌沙茶酱

(三) 象征性价值(品牌人格)

象征性的品牌核心价值是品牌成为顾客表达个人主张或宣泄情绪的方式,有个性的品牌就像人一样有血有肉、令人难忘。因此,象征性品牌核心价值成为品牌人格的重要组成部分。新媒体环境下,品牌人格在品牌识别中的地位越来越重要,以至于不少人认为品牌人格就是品牌的核心价值。消费者行为不断变化,媒体环境日益复杂,但如果品牌的核心价值鲜明并稳定,品牌就会长盛不衰。

习题:

1. "品牌是为买卖双方所识别并能够为双方都带来价值的东西"这句名言是谁说的?(　　)

　　A. 亨利·福特　　　　　　B. 菲利普·科特勒
　　C. 唐·舒尔茨　　　　　　D. 比尔·盖茨

2. 品牌核心价值的三大价值主题中不包含以下哪项?(　　)

　　A. 理性价值　　　　　　　B. 感性价值
　　C. 象征性价值　　　　　　D. 战略价值

换个角度思考:

_____
_____
_____
_____

二、大创意造就品牌哲学

扫码看视频

背景简介:《1984》是乔治·奥威尔在1948年所写的关于极端法西斯主义的小说。在想象的未来——1984年,已经没有个人自由,所有的人都生活在政府的完全控制下。他们永远受到监督和欺骗,丧失了思考能力。《1984》广告暗示苹果将打破这种单调枯燥的生活,使得1984年不会成为小说《1984》中预言的样子,"如果这行得通的话……"这个广告的导演是《异形》和《角斗士》的导演——雷德利·斯科特。[5]

大创意(Big Idea)和品牌的核心价值一定是紧密关联的。但很多品牌策划人都知道,大创意可遇不可求。是否能够找到符合品牌核心价值的大创意,关键在于是否认识到"精神"最终会超越品牌。

史蒂夫·乔布斯(Steve Jobs)曾说过:"我们只用了15秒、30秒或

---

[5] http://www.doc88.com/p-8438937606914.html.

者60秒，就重建了苹果曾在90年代丢失了的反传统形象。"

"在乔治·奥威尔的小说《1984》中，人们的精神被'老大哥'彻底控制。而1984年的计算机产业也面临着同样的局面。观众们都明白，那个禁锢着用户思想的'老大哥'指的是苹果的竞争对手IBM。"[6]

时任李岱艾Chiat/Day（TBWA广告公司前身）创意总监的李·克劳（Lee Clow）曾经回忆道："这支广告解释了苹果公司的哲学和目标，那就是平民百姓——而非政府和大公司——才拥有掌管科技的权利。"但当史蒂夫·乔布斯（Steve Jobs）第一次得意洋洋地在董事会里展示《1984》广告样片的时候，这个"杰作"却把到场的嘉宾们吓得面如土色。毕竟，谁也没见过这种故作神秘、卖弄意识形态的产品广告。更可怕的是，在这个电子产品的广告中竟然看不到产品的影子。除了史蒂夫·乔布斯、史蒂夫·沃兹尼亚克（Steve Wozniak）和麦克·马库拉（Mike Markkula）这三个联合创始人，所有人都面面相觑，痛苦地表示这是"历史上最糟糕的电视广告"。李岱艾广告公司没有办法，它们已经买了"超级碗"（职业橄榄球大联盟的总决赛，是美国第一大体育盛会）中场90秒的广告时间，很贵，只能往外卖；但是，一直到很晚，也只卖出了30秒，还剩60秒广告时间在手中。这家广告公司对自己的创意充满了自信，在没有征得苹果公司同意的情况下，把90秒版本广告剪裁为60秒，给播出来了……

[6] https://max.book118.com/html/2017/0529/110060842.s.

扫码看课件

之后的事情大家便都知道了，这个广告获奖无数，有效传播数字惊人，一半美国人看过这个广告，很多人愿意花钱到电影院看这个广告。

所有的不同意见在广告播出之后烟消云散。正在转播"超级碗"的哥伦比亚广播公司被潮水般涌入的热线电话弄得措手不及。人们的问题只有一个："那到底是个什么玩意儿？"

不管是爱还是恨，《1984》引发了美国全境的大讨论。三大电视网和50多家地方电视台播出了关于这支广告的新闻，一遍又一遍地免费重播整个片段，数百家纸媒进行了跟进报道。根据AC尼尔森的调查数据，全美50%的男性和46.4%的女性看到了该广告。免费的自发传播为苹果节省了至少500万美元的广告费用。

苹果公司在1984年展开的广告大战并没有就此终结，它们必须在广告饕餮之后开始解释"到底什么是麦金托什（Macintosh）电脑"。紧随"超级碗"的热潮和麦金托什的正式亮相，苹果公司又趁势推出了耗资1 500万美元、历时100天的"广告闪电战"。

在当年的美国《新闻周刊》总统竞选特刊中，苹果花费250万美元买下了40页的广告位，详尽解释了麦金托什电脑的方方面面。（图1-3）

很难说，这到底是一份植入了苹果电脑广告的《新闻周刊》，还是一本夹着《新闻周刊》的苹果电脑宣传册。[7] ——苹果公司首席执行官 约翰·斯卡利（John Sculley）

[7] http://www.doc88.com/p-816648382999.html.

很多时候我们在使用产品时，绝不仅仅是冲着产品最原始的功能，而是品牌带给我们的心理满足，也就是其品牌哲学。穿耐克，不是为了跑起来轻松，而是那个"为了理想勇往直前，just do it"的对号（图1-4）。

喝喜力啤酒，不是因为特别甘甜可口，而是自我代入角色，似乎也能成为"万人迷"；去左岸咖啡馆，暗示着人们想从咖啡里寻找内心的满足；[8] 喝上一杯咖啡，暗示着人们心灵的一块缺口被补上了，精神和自我得到了满足，安静祥和。

我们当然不会对每个品牌都有感觉。从《1984》到总统竞选手册，苹果品牌循循善诱，对你实施"催眠"，让你认同，并在心中留一个位置给它。当你举棋不定，终于决定要下手购买电脑的0.01秒，脑中不自觉地闪过"苹果这个品牌跟我比较对味"时，品牌哲学就出现了。

这一切说得容易，但要真正进入消费者的心里，特别难。品牌策划必须要妙手偶得大创意，才能将品牌核心价值内化为品牌哲学，也才能使品牌成为长寿品牌。

[8] http://blog.sina.com.cn/s/blog_6a08bb3b0100ws77.html.

图1-3 植入了苹果电脑广告的1984年美国《新闻周刊》总统竞选特刊

图1-4 耐克的宣传语 Just do it

习题：

1.品牌能够带给我们美好想象的附加价值，对这种附加值更深层次的定义是？（　　）

A.品牌力量　　　B.品牌形象　　　C.品牌哲学　　　D.品牌精神

换个角度思考：

_____

_____

_____

第二节 品牌外向触角：如何预判行业趋势

一、采集市场规模数据

信息社会，给品牌策划提出了一个难题，那就是在新媒体环境下如何有效地预判市场，进行品牌策划？

市场分析是品牌策划的基础，也是必不可少的第一步。市场分析要采集市场规模数据，建立对市场的了解，并通过一系列的定量和定性分析得出品牌和竞品在市场中的地位，为后续的策划工作提供依据。

大数据中所涵盖的消费者行为和品牌表现是非常丰富的，消费者演变成为社会化消费者，品牌衍生为互联网＋品牌。在信息型社会，消费者对品牌的耐心和忠诚度日渐下降。尼尔森调查显示，"新生代消费者更注重情感需求体验以及互动体验，定制化产品和服务日渐强势"；尼尔森2017年CEO问卷调查显示，无论是厂商还是零售商方面，消费升级都是第一驱动力，而消费者更愿意为卓越品质、超凡性能以及情感体验买单。[9]正如百度搜索公司CTO郑子斌在2017百度MOMENTS盛典上所述："如今的品牌全链共有六个关键难点，分别为问题诊断、用户和行业洞察、营销策略、创意策划、投放执行和效果评估，而在这六个关键点中，最需要解决的问题，就是对用户的准确识别。"[10]

品牌策划前期最主要的准备工作就是进行相关的调研，采集市场规模数据（图1-5）。大数据时代新媒体环境下，了解市场的方式和手段更加有效。针对市场规模数据的研究方法如下：

[9] https://www.sohu.com/a/213149321_760953.

[10] http://ju.outofmemory.cn/entry/334706.

图1-5 体毛调查

首先是信息研究方法。使用"八爪鱼数据抓取软件"等进行数据采集，运用文本分析法，采用"思维导图"对数据定义和分类，以发现线上消费者的媒介偏好、内容喜好和消费倾向，获取第一手原始资料，然后以数据分析和数据可视化的形式预判市场趋势。（图1-6）

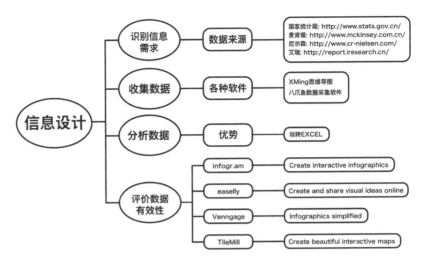

图 1-6　运用"思维导图"进行信息的整理

其次是传统购物学和新兴物联网技术结合的研究方法——模拟法。线下消费者行为研究基于传统的购物学（Paco Underhill,2008）配合新兴的物联网技术，先利用智能移动端程序、购物车应答程序等创新设备获取实时位置数据，了解消费者的消费行为和购物习惯；然后通过和监控设备相连的图像识别程序，记录消费者轨迹等信息，以此提升线下店铺体验和改进广告投放方式等。

因此，如何把商业逻辑和消费者情感联结起来、如何通过预判市场趋势来界定品牌自身的独特性，和竞争对手有效区分开来，这些消费者研究既是市场研究的开始，又贯穿整个营销过程。因为品牌的营销传播活动从来都是从消费者研究开始的，进而识别和确定市场的情况。品牌策划必须是一个从理性上升到感性的过程，如果一开始就缺乏对市场数据的收集和分析，不能从理性的角度瞄准目标市场，不能达成销售目标，那么后续的策划写得再周密、科学，也不是成功的品牌策划。

习题：

品牌的营销传播活动都是从什么开始的，并通过它来识别和确定市场的情况？（　　）

A. 竞争对手研究　　　　B. 市场研究

C. 消费者研究　　　　　D. 购物学研究

换个角度思考：

_____

_____

_____

二、打造品牌价值链

"价值链"概念是由美国哈佛大学的迈克尔·波特提出的,作为企业的一种分析工具,在品牌营销中,也存在着这样一个链条,在这里称之为"品牌价值链"。

扫码看视频

所谓品牌价值链,就是以企业向用户承诺的最终品牌价值为导向和目标,从企业经营的整个业务链入手,梳理和改善每一个环节,使之符合品牌价值的要求。这样的价值链贯穿企业经营的所有环节,包括产品研发、采购、生产、分销、服务、传播,等等。

品牌价值不仅仅是一系列有形的、功能方面的特性,更有其无形的、情感方面的利益以及"身份"标识,而且后者是长期竞争优势和持续忠诚度的基础。比如,松下的品牌价值是三个关键词:有前瞻性的、优雅的和可信任的。这样的品牌价值一直激励着所有松下人牢记品牌广告语"更好的生活,更好的世界"。

品牌价值体系可以用品牌价值圈来描述(图 1-7)。

图 1-7　品牌价值圈

"功能性利益"包括产品功能,如性能、质量、价格、特色、包装、标识、符号等;"情感性利益"则包括服务、促销、广告、品牌历史、品牌故事等。

什么是好的品牌价值体系呢?它需要企业从工业设计、制造、包装、分销、物流、售后服务、品牌建设等所有业务环节进行梳理,建立一整条品牌价值链,而链上的每一个点都能为客户创造价值。

扫码看课件

以雷克萨斯的品牌价值链为例(图 1-8):

图 1-8　雷克萨斯的品牌价值链

围绕"豪华典雅"的品牌形象,雷克萨斯采用了严格的品牌价值链管理策略。从产品研发开始,雷克萨斯就营造出一个高端设计工作环境,让设计师享受贵宾的待遇,努力让其身心都处在一个豪华、舒适的环境中,从而在设计时把这种感觉也带到产品设计方案当中。雷克萨斯提出了"尊贵服务体验"的口号,让每一个消费者在4S店里都能享受到近乎奢华的服务。(图1-9)

在广告宣传方面,雷克萨斯在高尔夫球场、大型比赛和高端私人会所等地方投放户外广告和宣传资料。最具创意的莫过于雷克萨斯最新的豪华运动旗舰LS 500 F Sport搭档漫威最富有的超级英雄"黑豹"的一段精彩表演:当车开到一处桥梁下时,"黑豹"纵身而下,精准地跳进全景天窗、稳稳坐入驾驶座中,并瞬间转换成尊贵优雅的瓦干达国王,最后优雅地现身于世界领袖高峰会的晚会现场。(图1-10)

图1-9 雷克萨斯品牌

图1-10 雷克萨斯与黑豹联手

可以看到,雷克萨斯为了树立自己高端的品牌形象,在每个价值链环节上,都按照品牌价值体系的定位来运作,每一个细微之处都能让用户感受到"豪华典雅"。

现代商业社会的竞争已经超出单一能力的竞争,进入综合实力的竞争,也被称为整合价值链能力的竞争。因此,以品牌价值为导向建立品牌价值链也是企业提升竞争力的重要途径。

习题:

以品牌价值为导向建立( )是企业提升竞争力的重要途径。

A. 品牌形象　　　　　　B. 品牌价值链

C. 品牌核心价值　　　　D. 品牌文化

换个角度思考:

三、理解销售渠道

"销售渠道"（channel）是指"产品从生产者向消费者转移所经过的通道或途径"。对企业而言，制定恰当的产品分销和渠道策略至关重要。新的渠道模式不断涌现，营销渠道争夺已经白热化，每个品牌都恨不得占领全渠道。应该如何把握渠道变革的趋势，如何选择适当的渠道模式，如何根据自身业务的特点建立起相应的渠道优势，成了企业面临的最现实的问题之一。11

中国高速发展的零售行业和多梯级的社会环境，造就了渠道品类巨大的梯度；同美国相比，相当于1910年代的批发商与2010年代的电子商务共存，且皆为市场格局的重要组成部分。12

线上、线下的创新多集中于人群细分与渠道创新。"和十年前的线下品牌开始开设线上商店的动作完全相反，现如今，越来越多的电商品牌从线上购物做到线下的实体空间，其中，既有固定店面也有游击店。例如，被称为'美国无印良品'的Everlane，其基本款和天然材料是消费者比较熟知的，在尝试过几次线下游击店和柜台陈列后，在纽约SOHO开设了自己的固定店铺，室内风格也是无限强调自然材质和Everlane式生活美学。消费者可以在Everlane的官网上查看实体店的库存，看看有没有自己想要的款式和尺码。除此之外，为了优化退换货体验，Everlane设置了一个ID系统，消费者可以不用带信用卡和钱包，直接在商店里退换货以及购买商品。"13

"在你已经把那些长得比较低的果实都拿得差不多了之后，消费者愿意在线上购买或者愿意在社交媒体上关注到你，你还能做些什么吸引人们购买呢？"市场调查公司Forrester的零售分析师对《华盛顿邮报》说，"这就是物理足迹该发挥其作用的时候了。"

我们可以觉察到，十年前的线下零售空间一股脑儿地走线上渠道，但与消费者面对面的线下销售始终是品牌极致体验的最好方式，毕竟吃、喝、用都得人们亲身体验。经过大浪淘沙，如今，新一代的线下零售空间更加注重消费者的整体体验，这对于品牌而言无疑是一种良性的影响。14

再来看一个渠道创新的案例——"开心麻花"进军商场，这是一个比影院更有趣的新模式："文创零售、酒吧、咖啡厅、餐饮"+剧场=购物中心里的剧场。电影已经过了消费需求的红利期，电影向戏剧的消费升级、戏剧观演从低频消费向日常消费的升级趋势愈加明显，现场演出所传递的体验感与互动性，相较于影视有着无法替代的魅力。可对于戏剧产业来说，除了有核心产品、品牌输出的力量以外，还需要持续有力的渠道来作支撑，正如拉斯维加斯的剧场演出集聚了大量人气那样。

品牌+原创+团队+粉丝：开心麻花所搭建的"积木"也为其渠道布局创造了根基，比如，电影IP、"前店后场"剧场模式等。在购物中

扫码看视频

11 http://www.mahaixiang.cn/dzsw/543.html.

12 http://www.sohu.com/a/219478281_465378.

扫码看课件

13 http://www.myzaker.com/article/5b1f2a8977ac640c3f621012/ 实力傲娇的奢侈品电商Ssense如何开设首个线下零售空间?

14 https://item.btime.com/m_2s1cjqyhgz6.

心里看完一场话剧，顺便逛街、吃饭、游玩，这将更快地提升戏剧消费的频率，也能有效开发优质观剧客群的商业价值。

"开心麻花"选择进军实体商业，普及戏剧文化，是大势所趋，也是自身企业发展的规律。但对于大众来说，在国内购物中心开一个具有"前店后场"模式的剧场，还是一个新鲜事。因此，这是一件不简单又很有价值的事情。毕竟，它所承担的是改变和引领消费者生活习惯的开拓者的角色，这个角色所带来的市场效益和经济变化更是无法估量的。"开心麻花"式渠道早已不是难题。[15] 渠道创新的本质其实就是拓展一切消费途径来促成顾客购买。"谁离消费者近，谁就离成功更近"，这就是渠道创新的基本准则！

[15] http://www.sohu.com/a/224396469_467758！

习题：
所谓销售渠道是指产品（　　）转移所经过的通道或途径。
A. 从生产者向消费者　　B. 从设计师向消费者
C. 从生产地向市场　　　D. 从设计师向生产者

换个角度思考：
_____
_____
_____
_____

四、如何细分市场

市场细分的概念是美国市场学家温德尔·史密斯 (Wendell R.Smith) 于1956年提出来的。[16] 企业资源的有限性和消费形态的多元性决定了品牌无法将产品或服务卖给所有人；品牌只能选择服务于一个群体，这群人最有可能对其产品或服务产生积极的反应，并提供最高利润。（图 1-11）

[16] https://wiki.mbalib.com/wiki/ 市场细分.

图 1-11　细分方式

细分市场的方法有：地理细分、人口统计细分、消费心态细分和购买行为细分。下面让我们一一来了解。

（一）地理细分市场的方法

地理因素包括地理位置、城镇大小、地形、地貌、气候、交通状况、人口密集度等。把市场细分为不同的地理单位，品牌可选择在一个或几个地区经营，也可在整个地区经营，但要注意到需求的地区差异，即不同的地理区间对某类产品需求的相同与不同之处。食品、饮品等具有比较明显的地理细分特征。比如说凉茶，王老吉品牌凉茶就起源于两广地区。"凉茶是将药性寒凉和能消解人体内热的中草药煎水做饮料喝，以消除夏季人体内的暑气，或治疗冬日干燥引起的喉咙疼痛等疾患，是一种具有清热解毒、生津止渴、祛火除湿等功效的饮料"[17]。两广地区的气候和人们的饮食偏好，都决定了凉茶在该地区销量稳定，盈利状况良好，有比较固定的细分市场。（图1-12）

[17] https://baijiahao.baidu.com/s?id=1569914211390213& 经典清热解毒凉茶——广东秘制凉茶.

图1-12　王老吉广告

（二）人口统计细分市场的方法

根据年龄、性别、职业、收入、受教育程度等来划分市场。比如牙膏，针对不同年龄层的消费者，高露洁防蛀儿童牙膏采用了蜘蛛侠作为外观设计元素，以获得儿童的喜爱；而康齿灵则用显眼的文案，将中老年人固齿专用的功能凸显出来。（图1-13、图1-14）

图1-13　高露洁牙膏

图1-14　康齿灵牙膏

（三）消费心态细分市场的方法

根据生活方式、个性等来划分市场。比如说，无印良品的品牌口号为"life style tore"，意思是"一种生活方式的商店"。这样的描绘里面包含了这部分细分市场人群独特的能力、气质、性格和信念。

（四）购买行为细分市场的方法

根据功能利益、使用场合、消费时机来划分市场，如哈根达斯冰激凌："爱她，就请她吃哈根达斯"，场景感的营造多么到位。深入挖掘体验型消费者群，这应该是新媒体环境下品牌策划的一个未来方向。（图1-15）

图1-15　哈根达斯广告

值得注意的是，品牌策划是从企业自身的角度出发，以静态的市场细分方法来看待和经营市场，还是从消费者的角度出发，以动态市场细分的方法（随着市场竞争结构的变化而调整其市场细分的重心）来切分消费人群和经营市场？同样是"细分"，方法不同，最终的效果会大相径庭。

习题：

品牌策划前期会（　　），通过测量消费者的活动、兴趣、意见来描述其生活方式。

A. 设计问卷　　　　　　　　　　B. 分析市场

C. 访谈用户　　　　　　　　　　D. 设计实验

换个角度思考：

_____

_____

_____

_____

第三节　品牌外向触角：如何挖掘主要客户群体需求

一、消费习惯的养成

消费习惯是指消费主体在长期消费实践中形成的对一定消费事物具有稳定性偏好的心理表现。同时，消费习惯也是人们对于某类商品或某种品牌长期维持的一种消费需要，它是个人的一种稳定性消费行为，是人们在长期的生活中慢慢积累而成的，反过来它又对人们的购买行为有着重要的影响。[18]

20世纪90年代初，防龋齿香口胶[19]在德国面市。专家推荐，在每顿饭后嚼一嚼这种香口胶，可以中和残留在口腔内由食物刺激分泌的致龋酸水。专业生产香口胶的箭牌公司和专业生产护牙保健品的混合洁口胶公司Blendax几乎同时推出了这种防龋新产品。然而箭牌公司占领了新产品市场的90%份额，Blendax公司生产的混合洁口胶（Blend a gum）只拥有约3%的市场份额。这两种产品的原料配方大同小异，消费者在盲试中很难将两者区别开来。市场占有份额悬殊的原因就在于消费者对这两种产品形成了截然不同的消费习惯。[20]

箭牌产品被自动归入口香糖这个概念中，"防龋齿"只是它的一个独特的附属功能。与此对应，混合洁口胶被自动归到"洁齿护齿"这个概念之中，香口倒成为其附属功能。然而，不同的概念导致消费者做出不同的购买决策，谁要想"香口"，就去购买箭牌产品，而只有那些不想刷牙却想保持牙齿清洁的人，才会去购买混合洁口胶。不言而喻，第一种人比第二种人多很多，因为在白天急需预防龋齿的人不会太多。从中可以看出，品牌名称可以决定消费者的认知习惯，从而决定其在市场上成功与否。

[18] http://www.baike.com/wiki/%E6%B6%88%E8%B4%B9%E4%B9.

[19] https://zhidao.baidu.com/question/24416599.html.

[20] http://www.baike.com/wiki/%E6%B6%88%E8%B4%B9%E4%B9.

二、消费决策的决定因素

"消费者购买决策"是指消费者谨慎地评价某一产品、品牌或服务的属性并进行选择，购买能满足某一特定需要的产品的过程。[21]（图 1-16）

新媒体环境下，消费决策的决定因素更加复杂且难以把握，我们可以看到以下几个原因：

扫码看视频

[21] https://zhidao.baidu.com/question/283340297.html.

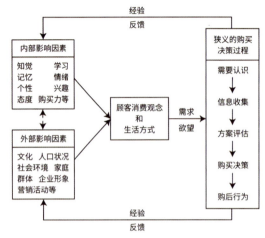

图 1-16 广义的消费者购买决策过程

"小众消费"崛起，社群时代产品的目标客户分类趋向精细化：成长于大众消费时代的消费者偏好更加个性化，需要多元化产品来满足不同小群体消费偏好，这在新兴消费领域尤其明显。例如，"二次元"喜欢哔哩哔哩、弹幕网；"小姐姐"喜欢《花千骨》《琅琊榜》；"宅男"喜欢网络游戏、在线购物等。

"懒人"消费盛行，新媒体环境下的消费者追求简单、方便快捷的消费方式，孵化出社区、餐饮、旅游的"懒人经济"：社区 O2O 把服务送到家门，餐饮 O2O 把饭送到嘴边，旅游 O2O 把行程送到眼前。

产品故事兴起，成为移动社交时代标签式营销新起点：为了满足新型消费者对产品／企业背后的故事的期待，如今的营销方式从狂轰滥炸电视广告的传统模式脱离出来，通过移动社交平台将带有不同标签的产品故事短时间内铺陈蔓延，打造产品影响力。

消费者更加理性，爱花钱但不任性，消费信贷和理财产品大受追捧：消费者一般倾向超前消费，普遍爱花钱，需要消费信贷提供资金支持。[22]

因此，消费决策的决定因素可以分为个人因素的影响、心理因素的影响和社会因素的影响三个主要方面。

扫码看课件

[22] http://api.soupu.com/page/news/details/652762.

（一）个人因素的影响

1. 稳定因素

"稳定因素"主要是指个人某些特征，诸如年龄、性别、种族、民族、收入、家庭、生活周期、职业等。例如，假定一个大学教授每年的收入和一个行政官员一样多，然而由于这些收入的分配不同，以及职业的差别，导致需求会有明显区别。

2. 随机因素

"随机因素"是指消费者进行购买决策时所处的特定场合和具备的一系列条件，也叫"冲动消费因素"。例如，一个正在考虑购买计算机的消费者，因为单价较高所以可能会慎重比较。但是，假如此人本月工资上涨20%，那么他的购买决策过程可能会快得多。因此，随机因素对消费者行为的影响往往是多方面的。

（二）心理因素的影响

1. 感觉

"感觉"是指为了获得结果而对输入的信息进行识别、分析和选择的过程，信息中只有一部分成为知觉。例如，饿的时候，人们可能更多地注意到食品广告；相反，假如刚吃过了，就不大会注意到食品广告。

2. 动机

"动机"是激励一个人的行动朝一定目标迈进的一种内部动力。在任何时候，一个购买者都受多种动机而不是仅受一个动机影响，例如一个想买沙发的人可能被这种沙发的特性所吸引，诸如耐久性、经济性、式样等。

3. 经验

"经验"是指由于信息和经历所引起的个人行为的变化。例如，一个消费者购买了某种牌子的香烟而且很喜欢，那么他以后还会一直购买同样牌子的香烟，直到这个牌子不再使他满意为止。

4. 态度

"态度"由知识和对目标的积极与消极的情感构成。品牌策划人应该预估消费者对价格、包装设计、品牌名称、广告、推销人员、维修服务、商店布局、现存和未来产品的特点等各方面所持的态度。

5. 个性

每个人都有个性，"个性"是和人们的经验与行为联系在一起的内在本质特征。源于不同的遗传和经历，每个人的内心世界、知识结构、成长过程都不同。"个性"比较典型地表现为以下一种或几种特征：冲动、野心、灵活、死板、独裁、内向、外向、积极进取和富有竞争心。例如，人们所购买的服装、首饰、汽车等类型都反映了一种或几种个性特征。

（三）社会因素的影响

1. 社会角色

我们每个人都在一定的组织、机关或团体中占有一定位置，和每个位置相联系的就是角色。

由于人们同时扮演多种角色，例如，一个男子不仅扮演父亲和丈夫的角色，而且还可能是公司主管、体育教练，这样对其行为就有多种期望。比如，该男子打算买一辆车，他的妻子希望他买一辆广州本田车，他的儿子要买上海别克，他的同事却建议买进口宝马，因而个人的购买行为会受到其他人意见的影响。个人在社会中扮演的角色会直接和购买决策联系在一起。

2. 相关群体

相关群体是指个人对群体的认可，并采纳和接受群体成员的价值观、态度和行为。例如，一个人由于受相关群体成员的影响，停止使用某一种牌子的食品而改选另一种。

3. 社会阶层

社会阶层是具有相似社会地位的人组成的一个开放的群体。他们具有相似的态度、价值观念、语言方式和财富。社会阶层对我们的生活许多方面都有影响，例如，可以影响我们的职业、信仰、子女教育等。

4. 家庭文化

家庭文化在某种程度上决定了购买和使用产品的方式，从而影响到产品的开发、促销、分销和定价。例如，食品营销者在营销过程中要作出多种变化。20多年前，我们的许多家庭几乎天天在一起吃饭，母亲一天要花4～6个小时来为此作准备；而现在60%以上的25～40岁年龄段就职于公司的人员基本上在外就餐。[23]

[23] https://zhidao.baidu.com/question/8978837.html.

习题：
1. 消费决策决定因素中的稳定因素指（　　　）。
   A. 个人某些特征，诸如年龄、性别等　　B. 心理因素
   C. 文化环境　　　　　　　　　　　　D. 所处的特定场合

2. 新媒体环境下，消费决策的决定因素更加（　　）。
A. 随意化　　　　　　　　B. 稳定
C. 容易预测　　　　　　　D. 复杂且难以把握

换个角度思考：

_____
_____
_____
_____

三、消费者动态画像

Alan Cooper（交互设计之父）最早提出了persona的概念："Personas are a concrete representation of target users."用户画像（Persona）是真实用户的虚拟代表，是建立在产品营销数据、使用数据（Marketing data,Usability data）之上的目标用户模型。

因此，用户画像虽然是虚构的形象，但每个用户画像所体现出来的细节特征描述应该是真实的，是建立在用户访谈、焦点小组、文化探寻、问卷调查等定性、定量研究手段收集的真实用户数据之上的。

用户画像具有许多优点，首先，用户画像可以使产品的服务对象更加聚焦，更加专注。在行业里，我们经常看到这样一种现象：做一个产品，期望目标用户能涵盖所有人——男人女人、老人小孩、专家小白、文青屌丝……但通常这样的产品会走向消亡，因为每一个产品都是为特定目标群的共同标准而服务的，目标群的基数越大，这个标准就越低。换言之，如果这个产品是适合每一个人的，那么其实它是为最低的标准服务的，这样的产品要么毫无特色，要么过于简陋。纵览成功的产品案例，它们服务的目标用户通常都非常清晰，特征明显，体现在产品上就是专注、极致，能解决核心问题。比如苹果的产品，一直都为有态度、追求品质、特立独行的人群服务，从而赢得了很好的用户口碑及市场份额。

其次，用户画像能够帮助设计师在设计的过程中抛开个人偏好，更加理性地将设计目标放在用户的动机和行为上。构建用户画像，目的是在于通过数据的积累来不断完善用户的属性、行为数据，以此来分析预测用户的偏好、行为走向，并由此调整产品方向以满足用户需求。对于不同的产品而言，并不是所有的用户标签都需要用到，每一个产品应该结合自身需求，选择适合自身的用户属性体系来构建合适的用户画像，促进产品优化以及战略的调整。[24]

[24] http://www.woshipm.com/pd/174984.html.

那么如何构建用户画像呢？通过用户调研去了解用户，根据他们的目标、行为和观点的差异，将他们区分为不同的类型，然后在每种类型中抽取出典型特征，赋予名字、照片、一些人口统计学要素、场景等描述，就形成了一个人物原型。（图1-17）

图1-17　构建用户画像基本流程

用户画像包含哪些内容呢？一般来说，我们会把最终的画像划分为几类信息模块：分类信息、个人信息描述、互联网使用情况及与产品/服务相关的特征和需求描述。（图1-18）

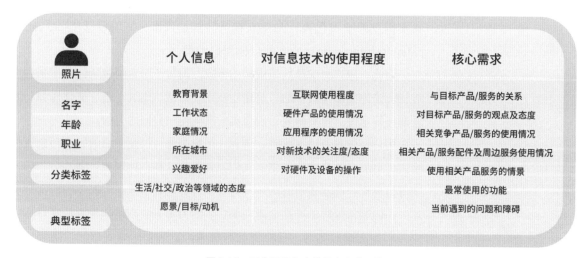

图1-18　用户画像包含的基本内容示范

用户画像需要符合的原则是：用户画像的核心是寻找或者虚构一个尽量真实的用户记录。为了让我们在设计产品的过程中尽量避免因个人喜好而对用户行为的臆想，用户画像应该尽量清晰，不能太简略。如果不能深入地研究用户，用户画像就会成为一个拍脑门子的工作，没有实际参考价值。

用户画像的动态属性指用户在互联网环境下的行为。在信息时代下用户的出行、工作、休假、娱乐等都离不开互联网（图1-19、图1-20）。以用户出行娱乐为例，列举了她的行为类型和接触点。可以看到，动态属性能更好地记录用户日常的上网偏好。[25]

[25] https://baike.baidu.com/item/用户画像/22085710?fr=aladdin.

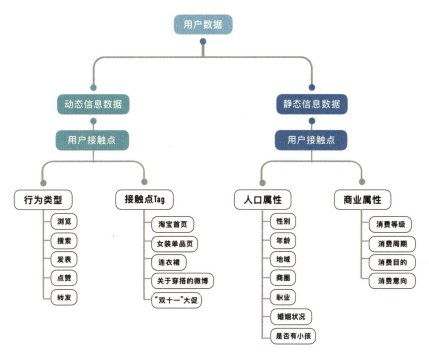

图 1-19　构建用户画像详细流程

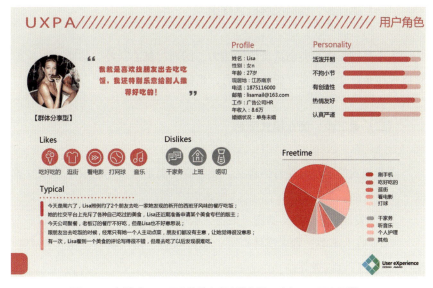

图 1-20　案例（UXPA 用户体验大赛金奖作品：哼吃 APP 用户画像）

习题：

用户画像需要符合的原则是：（　　）。

A. 能够为用户的选择提供预测

B. 能够表现用户在社会上的地位

C. 寻找或者虚构一个尽量真实的用户记录

D. 使用户的行为能够被特别准确地预测

换个角度思考：

_____
_____
_____
_____

第四节　品牌外向触角：知彼知己

扫码看视频

一、一个有竞争力的品牌研发过程

如今，品牌竞争愈发激烈，对于一个企业而言，品牌就成为了企业生存和发展的核心因素之一，能够深入人心的品牌可以为企业带来市场地位和利润。因此，越来越多的企业意识到品牌的重要性。如果你将要建立一个创新品牌，你准备做什么？市场机会点是什么呢？

（一）第一步：创新品牌概念提出

一个品牌需要具备创造价值的能力，即通过核心科技、品质、商业运营模式和企业文化等多方面的创造力，增强品牌活力。

（二）第二步：商业模式策划

商业模式的定位有独特的含义，就是需要满足顾客的需求。具体包括以下几个方面。
（1）关键业务：产品制造、平台、服务等；
（2）收入来源：售卖实体产品、服务收费、订阅收费、租赁收费、授权收费、广告收费等；
（3）核心资源：包含实体资源、人力资源、知识资源等。
实体资源：生产设施、销售网点分布等；
人力资源：在知识密集型或者创意产业中，人力资源非常重要；
知识资源：专有知识、专利或版权、客户数据库等。
我们首先需要初步学习并了解商业模式分析的工具：商业画布。它能够帮助我们针对一款产品或者是一家企业组织的运营模式进行不同维度的科学合理分析。
"商业画布"指的是一种可以帮助企业家诞生创意、减少猜测，确保

扫码看课件

他们找到合适的目标用户、合理解决问题的工具。商业画布不仅可以更灵活地变更计划，且更容易满足用户的需求。更重要的是，它可以将商业模式中的元素标准化，并强调元素间的相互作用。（图1-21）

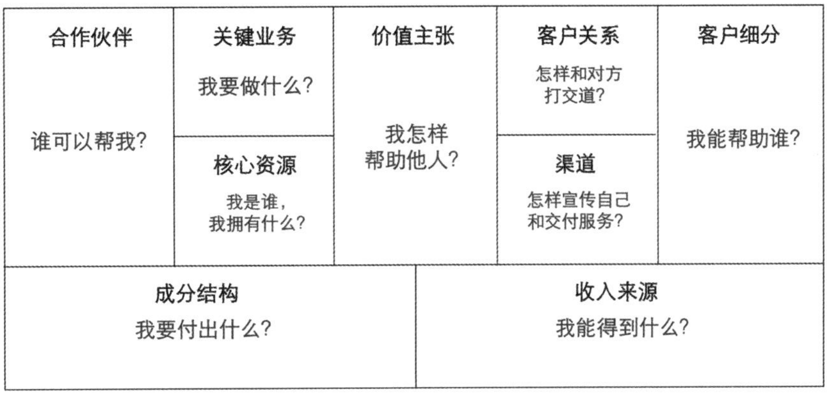

合作伙伴	关键业务	价值主张	客户关系	客户细分
谁可以帮我？	我要做什么？	我怎样帮助他人？	怎样和对方打交道？	我能帮助谁？
	核心资源		渠道	
	我是谁，我拥有什么？		怎样宣传自己和交付服务？	
成分结构 我要付出什么？			收入来源 我能得到什么？	

图1-21 商业画布模式

（三）第三步：品牌识别设计

正如灯塔给船员指引方向，企业试图通过品牌愿景带给人们一个理想的世界。APPle Computer Total 的品牌愿景是"可以提供稳定的创意"；亚马逊网上书店的品牌愿景是"让消费者在家享受服务"。（图1-22）

品牌	产业导向型业务界定	市场导向型业务界定
联合太平洋铁路	经营铁路	承载商品和旅客
施乐	生产复印设备	帮助提高办公效率
赫斯	销售汽油	提供能源
哥伦比亚电影	拍摄电影	提供娱乐
大英百科全书	出版图书	传播知识
开利	制造空调和炉子	提供家庭温度控制设备

图1-22 品牌愿景

品牌愿景应该更加关注消费者需求，为品牌将来的业务扩展提供方向。

消费者购买商品的心理活动，总是从商品的认识过程开始的，因此，品牌形象设计的意义越来越大。因为对品牌的识别更多地来自视觉上，所以树立品牌统一的视觉形象是必要的，也是有效地占领消费者心智的好方法。

品牌视觉的统一与稳定：品牌视觉形象必须是统一的，而且还要稳定，不能随意变动，这是品牌吸引消费者的重要条件之一。

（1）文字的统一。文字的统一，要求品牌设计确定文本统一后数十年甚至数百年相同；视觉形象统一稳定，如中国品牌"全聚德"和"同仁堂"。

（2）图形的统一。品牌设计要求图形统一不能经常替换图形。只有这样才能拥有悠久的品牌魅力。

（3）颜色的统一。比如，国外品牌麦当劳的黄色和IBM的蓝色。

（4）多种视觉元素的有机结合。文本、图形、颜色与品牌有机结合会有更耀眼的视觉效果。[26]

[26] http://www.docin.com/p-1370992619.html.

可以看出，经过图像设计的品牌与消费者的心理需求相结合，使品牌形象具有统一、稳定、简单、易于记忆的特点，并且联想的效果好。[27]（图1-23、图1-24）

[27] https://wenku.baidu.com/view/5d68045eb84ae45c3b358cb4.html.

二、品牌共鸣模型

扫码看视频

美国学者凯文·莱恩·凯勒（Kevin Lane Keller）于1993年提出CBBE模型（Customer-Based Brand Equity），基于消费者的品牌价值模型，为自主品牌建设提供了关键途径。在这个模型中，各个要素的设计力求全面、相互关联和具有可行性。凯文·莱恩·凯勒（Kevin Lane Keller）在其著作《战略品牌管理》中探讨了从顾客的角度来建立品牌资产模型的观点，凯勒认为，一个品牌的强势程度取决于顾客对该品牌的理解和认识程度，即顾客的思想决定了品牌的强势程度。（图1-25）

图1-23　麦当劳品牌Logo

图1-24　同仁堂Logo

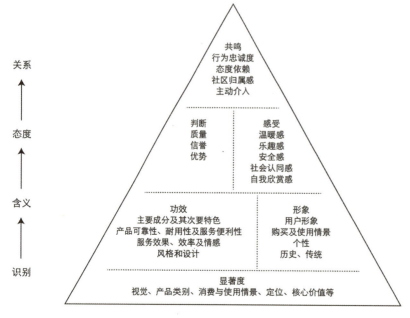

图1-25　共鸣模型金字塔

扫码看课件

但是，CBBE 模型隐含了一个前提，即品牌力存在于消费者对于品牌的知识、感觉和体验，也就是说，品牌力是一个品牌随着时间的推移存在于消费者心目中的所有体验的总和。因此，企业进行各项工作的目的就是设法保证消费者对品牌具有与其产品和服务特质相适应的体验、对企业营销行为持积极正面的态度，以及对品牌形象抱有正面的评价。

品牌共鸣实质上体现了消费者与品牌之间的一种紧密的心理联系。通过与品牌的情感互动，消费者会感觉到该品牌能够反映自己的情感并且可以把该品牌作为媒介与其他人进行交流，因此会增强消费者对品牌的认同和依赖，获得较高的品牌忠诚度。

品牌共鸣的作用：

（1）使消费者产生共鸣的品牌更容易打动消费者；

（2）使消费者产生共鸣的品牌可以带来高度的忠诚；

（3）使消费者产生品牌共鸣的品牌可以带来更多的拥护者、倡导者；

（4）使消费者产生品牌共鸣的品牌可以带来更多的发展机会；

（5）使消费者产生品牌共鸣的品牌，消费者会给予其更多的宽容。

习题：

1. 美国学者凯文·莱恩·凯勒于 1993 年提出 CBBE 模型即（   ）。

A. 基于消费者的品牌价值模型　　B. 基于消费者行为的概念模型

C. 消费者对于品牌的认知模型　　D. 基于消费者的体验模型

2.（   ）能够帮助我们针对一款产品或者一家企业组织的运营模式进行不同维度科学合理的分析。

A. 大数据分析　　　　　　　　B. 商业调研

C. 行为预测　　　　　　　　　D. 商业画布

换个角度思考：

_____

_____

_____

_____

三、品牌的营销策略

（一）4P's 营销工具策略

20 世纪 60 年代是市场营销的繁荣时期，突出的标志是市场态势和企业管理观念的变革，即市场态势完成了由卖方市场向买方市场的转变，

扫码看视频

企业经营观念实现了由传统经营观念向新型经营观念的转变。与此相适应的是营销手段更加多样化，更加复杂化。1960年，美国市场营销专家麦卡锡（E.J.Macarthy）教授提出了著名的4P营销策略组合理论，[28] 即产品（Product）、定价（Price）、渠道（Place）、促销（Promotion）。再加上策略（Strategy），所以简称为"4P's"营销策略。（图1-26）

[28] https://zhidao.baidu.com/question/125394778.html.

扫码看课件

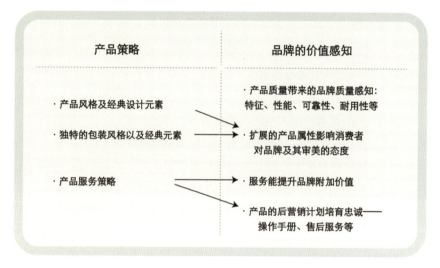

图1-26 产品策略与品牌价值感知的对应关系

（二）O2O策略

线上平台策略（加盟/自建/PC平台/移动平台）
线下模式策略（体验店/社区店/上门服务）
引流及联动策略（线上往线下引流/线下往线上引流/多元化入口）

（三）个性化营销策略

新经济赋予个体消费者权利，"大品牌所有者的担心来自个人主义盛行，人们都试图远离大众市场而渴望表达自我"。个性化营销成为广受关注的焦点，并成为品牌构建、维系与消费者关系的非常重要的手段。个性化营销策略主要有以下几种。

1. 体验营销

简单来讲，体验营销就是通过某些营销方式使消费者产生独特的、印象深刻的经历和感受。

通过观察、倾听等参与手段，充分刺激和调动消费者的感官、情感与思考来体验营销；以行动和其他感知因素及理性因素让消费者实际感知产品或服务，从而促进顾客认知偏好和购买行为的改变。

图1-27 苹果体验店

图1-28 耐克的"NIKEiD计划"

沟通方式、视（听）觉符号或形象、产品陈列、空间环境、销售员、品牌气味等都是创造体验的手段。（图1-27、图1-28）

体验营销内容：氛围营造、生活方式展示、美学体验、文化体验、娱乐体验等。

2. 一对一营销

——"我们挑选出顾客"

——"顾客与我们对话"

——"我们为他们制作独特的产品"

3. 许可营销

许可营销与"干扰式营销——传统的大众媒体广告营销"相对，是指在得到消费者的许可后才对其进行的营销活动。

4. 艺术化营销

品牌在产品及包装设计、识别元素、销售及体验空间、传播活动中与艺术的联姻。（图1-29）

图1-29 Pets Rock与艺术家合作

习题：

1.（　　）即市场态势完成了由卖方市场向买方市场的转变，企业经营观念实现了由传统经营观念向新型经营观念的转变。

A. O2O策略　　　　　　　　B. 社会化营销策略

C. 个性化营销策略

2.（　　）是品牌在产品及包装设计、识别元素、销售及体验空间、传播活动中与艺术的联姻。

A. 许可营销　　　　　　　　B. 艺术化营销

C. 体验营销　　　　　　　　D. 一对一营销

换个角度思考：

_____

_____

_____

第二章
设计重塑新媒体环境下的品牌体验

第一节 选择哪把交椅

一、品牌愿景

（一）什么是愿景？

"品牌愿景"是一个品牌为自己确定的未来蓝图和终极目标，它不仅仅代表为品牌工作的员工的共同愿望和目标，更是对品牌现有消费者和潜在消费者的欲望表达。[29]（图2-1）

[29] http://zhuanlan.zhihu.com/p/36800063.

图 2-1　愿景如同沙漠远眺

阿里巴巴集团的愿景是什么呢：是分享数据的第一平台、幸福指数最高的企业、"活102年"。

华为技术有限公司的愿景是什么呢：是丰富人们的沟通和生活。

在2015年1月7日，麦当劳美国诠释了品牌愿景"我就喜欢"：

A Little More Lovin' Can Change a Lot（多一点爱多多改变），更关注"爱"和"喜欢"，鼓励消费者积极地对待一切事物，发现爱、享受爱、分享爱。在麦当劳用餐也会增加幸福感和获得愉悦感，当我们看到麦当劳叔叔的样子时，自然而然就笑了出来。

（二）建立品牌的第一步——品牌愿景（重要性）

对于品牌来说，愿景是非常重要的也是不可或缺的。品牌愿景就好比一座灯塔，为出海的船夫指示方向。要是缺少了品牌愿景，或只是浮于表面，品牌就会毫无目的地漂移，营销方案很可能前后不一致，缺乏效果。举一个例子：

一个人走到一个建筑工地，

问第一个人在做什么，

第一个人的答案是"我在砌砖"。

同样的问题，第二个人的回答是我在修一堵墙。

同样的问题，第三个人的答案是我在建一座教堂。

三个答案都对，但是为什么都会觉得第三个答案里包含愿景呢？因为他有对未来美好的憧憬,以及可以通过认真的努力之后实现其真正的价值。这样的愿景故事，可以让员工们能看到远方与未来，并且指引着企业一步一步向着宏伟的梦想前进。

（三）一个合格的愿景应该具备哪些特点（组成部分）

1. 完整和清晰

一个品牌的愿景不是几个词语就可以说清楚的。愿景带领着企业向前发展，推动其品牌建设方面的计划和举措。愿景必须完整地表达一个品牌的价值导向，记载最核心的企业梦想。

此外，除了核心愿景要素外，还应该具有扩展愿景要素对核心愿景要素进行补充，增添和丰富品牌愿景的内涵。在保证完整的基础上，还要让愿景的描述更为清晰和简要，要用最直接的方式让所有人了解品牌的价值所在和精神追求。

2. 独特

世界上有那么多的汽车公司，但是每个汽车公司都不一样，而且人们很容易就能辨认出来。

长安福特：汽车要进入家庭——生产大多数人买得起的汽车。

宝马：在广阔的时空中，以最新的科学技术、最先进的观念，满足顾客的最大愿望——先进性和技术性。

兰博基尼：挑战极限，高傲不凡，豪放不羁——追求卓越和非凡。

这些愿景直接呈现不同的汽车公司的价值追求和相应的消费群体的价值追求。不同类型的企业对愿景的要求也截然不同。对于服务行业，组织的价值很重要，然而对于高科技品牌来说，创新便显得很重要。

3. 抱负

品牌愿景当然必须是宏伟的。品牌愿景能够体现出品牌的核心理想，表达出核心价值或核心使命，触碰到能够预见的未来，至少是10年后的大胆目标，最后变成一句清晰的描述，比如，英特尔公司的品牌愿景"超越未来"便是如此。

"超越未来"，多么鼓舞人心的四个字。

1971年，英特尔推出了全球第一个微处理器。微处理器所带来的计算机和互联网革命，改变了整个世界。现如今，英特尔公司生产的芯片占据着手机、电脑等电子设备的大半市场，并且从运行速度，寿命等各方面考虑，都远超其他中央处理器产品，领先于时代并不断地创造未来。（图2-2）

英特尔的创始人之一，一个与史蒂芬·乔布斯一样影响世界的人，安迪·格鲁夫曾说过一句话：The greatest danger is in standing still（最危险的莫过于停滞不前）。（图2-3）

图2-2　英特尔酷睿i7　　　图2-3　《时代周刊》 安迪·格鲁夫

所以，只有确立远大的愿景，才能推动品牌不断向前发展，保持领先地位。

4. 与时俱进

诚然，一个隽永的愿景可以维持百年，但是，在如今高速发展的时代和复杂的市场环境下，愿景不可能保持一成不变，不仅要适应当下市场，激发消费者的热情，还要契合未来发展方向。在不同的环境和时代中，运用不同的方式进行解读，删减不必要的内容或者增添新的内容，以保持愿景对品牌的引领作用。

习题：

1. 建立品牌的第一步是（   ）

A. 品牌价值　　　　　　B. 品牌使命

C. 品牌愿景　　　　　　D. 品牌理念

2. 品牌愿景是一个品牌为自己确定的_____。

换个角度思考：

_____
_____
_____
_____

二、界定主要目标群体

扫码看视频

美国西点军校的一位教官问一批新入学的学员：

"指挥官最重要的能力是什么？"

一学员举手："Sir，沟通能力！"

教官："NO！"

另一学员急忙抢答："Sir，个人魅力！"

教官："NO，NO，NO！"

全班鸦雀无声，教官严肃道："看清楚哪里才是真正的战场！"

那么，如何细分消费者群体？

消费者细分的指标基本上可以分为：地理细分、人口细分、心理细分、行为细分。其中地理、人口以及心理细分属于消费者属性指标，行为细分属于消费者反应指标。

1. 地理细分

阿拉斯加州7月份的温度依然在6℃～13℃，冬季最高温度为-3℃，在这样的环境下，每家每户都必备冬装，冬装销量每年都非常高且稳定。而在曼谷，1月份气温普遍保持在10℃以上，这样的环境下基本告别羽绒服。再看中国共享单车风靡以来，在一线城市最先投入，经过试验后才慢慢渗透到二三线城市，这也是因为担心在二三线城市无法进入市场，而一线城市相对发达，可以较快适应。

把不同的市场分为不同的地理区域，如国家、州、地区。公司可以在

扫码看课件

一个或一些地理区域经营。同一集群的居住者有相同的生活方式，驾驶相同的汽车，从事相同的职业，所以依靠地理细分消费者能发现本地特有的需求。

2. 人口细分

根据年龄和其他变量将市场划分不同的群体，如性别、收入、职业、教育水平，等等。

依然以服装为例，商务人士西装革履，娱乐圈的明星则新潮时尚，不同的职业人群需要不同的服装来体现自己从事的职业和配合工作需要。

3. 心理细分

根据生活方式、个性特点或价值观来划分不同的群体，同一人口群体的人也会表现出差异极大的心理特征。

2016年6月百威公司在加拿大推出了一款无酒精啤酒，并称这款啤酒运用了最新的去酒精技术——几乎将酒精全部去除的同时保留了百威啤酒的纯正味道。这款啤酒直接为想喝啤酒可是却不能碰酒精的人提供了一个途径。[30] 你可能会好奇，为什么人会喝无酒精啤酒呢？

首先是出于健康考虑，越来越多的人重视健康和养生。根据《经济学人》的报道，日本的老年人对无酒精啤酒的消费也比较多，他们主要是出于健康考虑。不仅是老年人，越来越多的年轻消费者会因为健康因素拒绝喝酒或者控制自己的酒精摄入量。平均下来，无酒精啤酒的糖分和卡路里比正常啤酒低至少30%~40%，这让它成为了一个不错的替代品。（图2-4）

图2-4　无酒精啤酒

4. 行为细分

基于人口统计信息和生活方式的细分方法不能解释消费者所有的行为。消费者个体特征的不同，只能使企业缩小目标市场范围。但是，如果能从消费行为的角度考虑，通过研究消费者购买情景，寻找群体的共同点，从而将客户群体进行细分，则将大大提高客户细分的效率和准确性。

[30] http://www.qdaily.com/articles/27720.html.

根据美国数据库营销研究所 Arthur Hughes 的研究，客户数据库中有 3 个神奇的要素，这 3 个要素构成了数据分析最好的指标：

（1）最近一次消费 (Recency)

（2）消费频率 (Frequency)

（3）消费金额 (Monetary)

基于这 3 个变量构成 RFM 矩阵，对消费者行为进行分析。在计算时，将 3 个数据进行相乘，然后排序，将排序后的名单分成 5 等份。在 5 等份顶端的人分数为 5，下一级为 4，以此类推。

也可以将 3 个数据分别排序，并进行 5 等份，放在三维坐标轴上，从（1，1，1）到（5，5，5），按照这样的原则，可以分出 5×5×5=125 个客户群，针对每个客户群给予不同的销售策略，比如，为优质客户提供更多服务，继续发展中间客户，以及减少对消费较少的客户的服务。[31] 企业运用一定的细分原则对消费者群体进行划分，才能获得更高的利润。

[31] https://baike.baidu.com/item/RFM 模型 /7070365?fr=aladdin.

习题：

1. 消费者细分中的行为细分属于（　　）。

A. 消费者反应指标　　　　　B. 消费者属性指标

C. 消费者状态指标　　　　　D. 消费者心理指标

2. 一个企业不能单凭自己的人力、财力和物力来满足整个市场的需求。（　　）

A. 对　　　　　　　　　　　B. 错

换个角度思考：

_____

_____

_____

_____

三、品牌定位

扫码看视频

当消费者想要购买优质的牛奶时，能够在众多的牛奶品牌中想到"特仑苏"，因为"不是所有的牛奶都叫特仑苏"；当消费者想要购买降火的饮料时，会想到王老吉，因为"怕上火，喝王老吉"；当消费者想要购买充满激情的运动球鞋时，会想到阿迪达斯，因为"一切皆有可能"(impossible is nothing）。如同视频中的梅西一样，他用自己独有的进攻方式，成为了足球界的偶像。

品牌定位是企业依据产品、市场、企业自身等因素综合考虑，打造合适的品牌形象，获取消费者的青睐。当消费者有购买需求时能够首先想到企业所打造的品牌，那么这个品牌定位才是成功的。

美国著名营销学家杰克·屈特认为："定位不是去塑造新而独特的东西，而是对现有产品进行的创造性思维活动。它不是对产品采取什么行动，而是对潜在顾客心理采取行动，目的是在顾客心目中占据有利的地位。"

柏林之声是世界上最受推崇的高品质立体音响系统制造厂家之一，公司创建于1978年，其音响系统广泛应用于奔驰车上，因为价格昂贵，所以不仅代表了尊贵，也代表了高品质与品位。它是来自德国的贵族，消费者在使用其音响系统时，不仅能享受到听觉盛宴，更能体验到贵族般的待遇。在这样的定位下，愿意花费高昂的费用去享受尊贵的人，不自觉就会想到柏林之声。

确立品牌定位的四个步骤

1. 了解目标消费者的特征，开展有针对性的品牌定位

喜茶能够在近两年火爆，靠的还是"网红喜茶"。在互联网时代，抖音、微信、微博等传播形式使年轻人更注重生活的高品质和仪式感，喜茶提供给年轻人的是一种喝到的快乐和荣誉。喜茶的定位就是茶类品牌中的星巴克，代表着消费升级后的高品质、高享受的小资生活。每一个买到喜茶的年轻人都会第一时间拍照、发朋友圈，以彰显自己的文艺情调。[32]

企业在掌握消费者的购买动机和购买心理之后，才能推动品牌定位激发消费者的情感，赢得消费者的认同和共鸣。其中包括行为特征和心理特征：

（1）"行为特征"包括目标消费者在购买时的时机、购买时所追求的利益以及对品牌的忠诚度。

（2）"心理特征"是指目标消费者的经验、喜好以及兴趣、情绪等。

2. 分析竞争者的情况，寻求差异化的品牌定位

知彼知己，百战不殆。世界上有两家最大的可乐公司——可口可乐和百事可乐，它们打了105年，至今仍未分出胜负。在很长一段时间内，百事可乐一直被可口可乐公司压制。可口可乐拥有自己的"独家秘方"，并将自己定位为传统的、历史悠久的、经典的可乐。因此，百事可乐推出了自己的口号：年轻人的可乐，彰显自己是新时代的引领者，以此定位一度超越可口可乐成为大哥。可口可乐公司不得不转变配方，学习"新时代"的百事可乐，但却遭到了可口可乐忠实爱好者的强烈反对甚至上街示威，因而重新回归到传统经典的定位上来。

[32] https://www.sohu.com/a/194361272_394682.

百事可乐在这次战役中充分了解了竞争者的情况，并制定对策，运用独特的品牌定位占据了优势。

品牌在定位时要遵循3个步骤去分析竞争者：首先，清楚认识谁是竞争者，其中包括现实的和潜在的竞争者。其次，判断竞争者的战略和目标。公司最直接的竞争者是那些处于同一行业、同一战略群体的公司，同一战略群体内的竞争最为激烈；不同战略群体之间存在现实或潜在的竞争。此外，每个公司对长期利润和短期利润的重视程度不同，对利润满意水平的看法也不同。具体的战略目标有多种多样，了解竞争者的战略目标可以判断它们对不同竞争行为的反应。

最后，评估竞争者的实力和反应。在分析竞争者的优势和劣势以后，可通过收集信息、分析评价、定点超越3步来完成。竞争者存在着从容型竞争者、选择型竞争者、凶狠型竞争者以及随机型竞争者，不同类型的竞争者会存在不同程度的反应。

3. 考虑企业资源优势，进行合适的品牌定位

刚才是分析了对手，现在就要分析自身，使得品牌定位与企业资源相协调。具体说来：

第一，品牌定位需要充分考虑产品的属性和特点。因为产品是品牌的基础和依托，消费者在选择品牌时必然首先考虑的是产品的有用性和功能。

第二，品牌定位应该结合企业自身的相对优势。品牌定位活动不是企业间的实力大比拼，而应该是企业在相互参照的情况下在市场上塑造符合消费者需求且能发挥自身特长的品牌形象，以此来吸引消费者。

4. 选择适宜的定位方式，实现高效的品牌定位

在综合了消费者、对手以及自身的情况以后，就需要选择一个具体的定位方式，最后确定品牌定位。

习题：

1. 品牌定位采取行动的对象是（　　）。
   A. 产品　　　　　　　　B. 潜在顾客心理
   C. 市场　　　　　　　　D. 企业自身
2. 品牌定位时需要充分考虑产品的属性和特点。（　　）
   A. 对　　　　　　　　　B. 错

换个角度思考：

_____
_____
_____
_____

四、核心价值（理性价值 / 感性价值）

打造企业品牌价值同样也需要从理性和感性两个方面着手。[33] 理性价值即是品质保证，而感性价值则是企业文化，许多中小企业的成功往往是通过将某一个产品蕴含的文化宣传到极致而获得的。[34]（图 2-5）

产品的成功帮助企业在市场中赢得了良好的口碑，形成了品牌影响力，消费者由于认可了产品品牌，进而认可运作产品品牌的企业，这样，企业品牌就会在强势产品品牌的驱动下逐步地走向成功。

随着国际竞争压力的加剧及中国市场经济制度的不断规范和完善，本土企业大多将构建强势品牌列为企业发展的重要议题，品牌竞争已然高调回归，并成为市场中优胜劣汰的主流方式。消费者要求产品能够同时满足其生理（物质）需求与精神需求，[35] 这对产品包含的使用价值和文化价值提出了更高的要求，企业让渡的使用价值已不是消费者支付货币选票的唯一动因。这种消费需求的微妙变化昭示着以"认牌消费"为主要特征的"心经济"时代已经来临。

新媒体环境下，品牌传播主体不再单一，品牌信息已从单向的、灌输式的硬广告转向借助大众喜闻乐见的热点话题、事件进行品牌内容整合营销，新媒体受众也趋于年轻化，品牌消费意识强，新媒体利用率不断提升，新媒体的传播媒介也因科学技术的发展而成为了品牌传播的利器。

[33] http://blog.ceconlinebbs.com/BLOG_ARTICLE_250479.HTM.

[34] http://blog.ceconlinebbs.com/BLOG_ARTICLE_250479.HTM.

[35] http://www.doc88.com/p-90222419217.html.

图 2-5　理性价值与感性价值

Marvel Studios 的核心价值带来的巨大成功

背景简介：《复仇者联盟3》掀起了全球的观影狂潮，然而这并非是一蹴而就的，而是感性价值与理性价值结合的产物，是以理性价值下的阶梯式积累为基础，在其之上建立感性价值的情怀。可见，漫威影业的核心价值是既在一系列合理的策划中得到了极好的商业效应，又通过数十年大 IP 人气的积累得到了影迷在漫威情怀上的共鸣。

漫威影业的总裁凯文·费奇（Kevin Feige）如是说："拥有共通、持续进行的虚构叙事线，虚拟漫画人物生活在同一个宇宙中，蜘蛛侠可以在雷神的漫画里出现，绿巨人跑进了钢铁侠的漫画中这也是漫威宇宙的伟大之处。"

美国漫威 studio，提出了"漫威宇宙"的概念，构建一个个深入人心的动漫形象，并且以电影为核心多层次发散，建构相关产业的消费市场，打造全产业链，实现经济、社会、文化价值的最大化。[36]（图 2-6）

漫威于 2008 年拍摄《钢铁侠》，这对于漫威来说其实是一场豪赌，当时，漫威濒临破产，众多人物 IP 被贱卖给福克斯、sony 等巨头公司，漫威高层当即决定，拍摄自己的超级英雄电影。从《钢铁侠》这部电影的片尾彩蛋可以看出，漫威影业的野心不小，试图扩展自己的电影宇宙，以一条故事线串联多个角色，最终将角色会聚在一部电影中，激发观众的观影高潮。（图 2-7）

[36] http://www.doc88.com/p-7418979269827.html.

图 2-6　漫威宇宙

图 2-7　漫威宇宙

从理性价值方面来说，这是公司品牌未来规划的设计蓝图，将为公司带来巨大利益。从感性价值来说，数十年规划下的漫威宇宙拥有大量的粉丝，创造众多高人气 IP，这带来了商业利益下潜在的文化价值。这便是"情怀"，即感性价值。

"中国李宁"的核心价值为品牌回春

在大家印象中，沉寂一段时间的国产运动品牌"李宁"2018 年年初在纽约时装周上办了场秀，这次在时装周上它竟然脱胎换骨地逆袭，就像一位刚"整容成功"的小镇姑娘。[37] 国人想到李宁，脑中会有多个场景。它可以是李宁本人在双杠上帅气回旋的影像，可以是 2008 年奥运会点燃火炬前的空中漫步，也可以是小县城购物商场中的品牌专柜。而在纽约，李宁找到了一个十分聪明且入时的角度，将品牌的颜色和历史，以年轻人的视角呈现给了国际观众。[38]

[37] http://www.sohu.com/a/221725844_479945.

体操王子身挂多个奥运奖牌的帅气照片被印在了卫衣上。品牌的 Logo 也以帅气时髦的方式成为了服装设计的亮点。"中国李宁"四字，从未如此铿锵有力。[39]

[38] http://dy.163.com/v2/article/detail/DABUMR9M0525RR9S.html.

"我 20 多年前也号称潮人，今天'中国李宁'亮相纽约时装周，请多指教。"55 岁的前奥运冠军、体操王子李宁在李宁巴黎时装秀举办期间发了一条诙谐的微博，传递出新的信号。

[39] http://mini.eastday.com/a/180927160046635-2.html.

图 2-8　中国李宁

[40] http://www.cicn.com.cn/zggsb/2018-02/27/cms104721article.shtm.

图 2-9　中国李宁·悟道

"中国李宁"的逆袭也兼顾了理性价值和感性价值两个方面。一场时装秀，李宁在全世界面前宣告了品牌在时尚潮流领域的华丽变身，仿佛在向世界昭告李宁品牌将变得更潮、更时髦、更具年轻活力。这一次的凤凰涅槃，不由得让人们重新审视这个国产运动品牌的成长之路。（图 2-8）

既然是国货，汉字、刺绣等传统文化元素自然不会缺席。"中国李宁"这 4 个字方方正正地印在衣服上，简洁明快、铿锵有力。在时尚领域，英文字母向来是 Logo 的主力军，不少潮人认为，这种方正字体带来的端庄与严谨感，很可能引领下一阶段的复古潮流。在苏绣设计上，李宁团队选择仙鹤、飞天两个图案，在造型及针法设计上再创作，最终将两件绣有仙鹤与飞天图案的帽衫呈现在舞台上，向世界展示中国韵味之美。据报道，李宁品牌纽约时装周走秀当天，秀场同款 1 000 多双鞋子上线一分钟即告售罄，速度太快以至于来不及补货。李宁天猫旗舰店更是客流激增，走秀款的销售额进入当日运动品牌前三名。[40]（图 2-9）

企业唯有通过品牌的树立和传播，使消费者产生积极的品牌联想，积极的品牌联想唯有在企业品牌传递出来的产品质量、技术、商业模式和企业文化等信息得到消费者认可时才会产生。紧扣品牌核心价值，不忘初心，才能在有限的市场份额中分得一杯羹。

习题：

1. 品牌定位采取行动的对象是（　　）。

A. 产品　　　　　　　　B. 潜在顾客心理

C. 市场　　　　　　　　D. 企业自身

2. 品牌定位时需要充分考虑产品的属性和特点。（　　）

A. 对　　　　　　　　　B. 错

换个角度思考：

_____

_____

_____

_____

五、品牌画像

奥美的广告大师大卫·麦肯兹·奥格威（David MacKenzie Ogilvy，1911—1999）曾说："品牌是一个综合的象征。它是产品的属性、名称、包装、价格、广告、历史以及声誉的总和。消费者会凭着对品牌使用者的

扫码看视频

印象以及自己本身的经验来定义品牌。"[41]

细数儿时看过的动画片，国产动画片《海尔兄弟》里黑头发黄皮肤的哥哥和金头发白皮肤的弟弟深入人心。很多看过的人应该都懂，这部动画片融合了探险游历的元素，将无数的科普益智类知识穿插在情节之中，让人看后不仅被故事打动，也在其中学到不少有意思的科学知识。海尔兄弟这一对智慧形象开始深入我们这一代人的心中，以至于所有人都对他们抱有好感，他们也顺利地走进了我们的生活。但很多人并不知道的是，到底是先有海尔兄弟还是先有海尔公司？只觉得海尔兄弟大火的那些年，海尔家电也是遍地开花。

说起来，《海尔兄弟》的确是海尔公司的一部作品。20世纪，敢想敢做的海尔集团为了宣传自己的企业文化，也为了给中国的少年儿童提供一份精美而丰盛的精神食粮，它以自己的标识为主人公制作了这样一部优秀的动画大片。这种史无前例的创举，为当时正值萧条的中国动画业注入了一剂强心剂，也让自己的品牌形象顺利地走进人们的心中。人们看着自家的家电上两个可爱的卡通小人，都会觉得特别亲切。[42]

随着市场竞争的日益激烈，产品的同质化越来越高，品牌想要在千人一面的市场中脱颖而出，就需要为品牌自身画一张与众不同的像，尽可能扩大与其他品牌的差异，这也是在新媒体环境下各大品牌的生存之道。品牌的建立与维持离不开消费者的认可，只有消费者认可，只有消费者打心底里喜欢，甚至觉得"一日不见，如隔三秋"，这样的品牌形象才可能牢固，品牌的生命力才可能长久。

说到以品质为品牌画像，美国钍星（Saturn）可谓典范，从一开始，钍星就立志做"顾客忠实的好友"，制造出一款世界级的小型车，在质量上媲美甚至超过进口的日本车，在价格上比进口车更便宜，同时，可靠、安全、感觉好、外观佳，这为Saturn带来了消费者的正面反馈，从而成功地建立了"世界级的品质，与客为友，以客为尊"的品牌形象。

海尔英文标识：Haier；中文标识：海尔；主识别标志为"Haier"。简洁、稳重、大方的标识符合世界最新设计潮流，也迎合了信息社会消费者的审美和记忆特点。海尔为丰富自己的品牌识别，还专门创造了"海尔兄弟"（海尔吉祥物），在提供娱乐的同时，传达了海尔"智慧、团结、创新"的品牌内涵。[43]（图2-10）

索尼的标志采用粗线条罗马体，SONY这四个字母设计得既简约、大方、稳重又不失现代感，[44]容易使人产生可信赖、高质量的品牌联想，由于字母少，设计独特，因此索尼标志在消费者中的识别度非常高。然而，索尼曾经为此付出了很大的努力：井深大和盛田昭夫在开创"东通工"的时候就已经意识到像松下、日立、三菱这样的大品牌虽然在产品质量、创

[41] https://doc.wendoc.com/bb5066b38b6f0967b672371ba-2.html.

扫码看课件

[42] https://baijiahao.baidu.com/s?id=1586840849411854018&wfr=spider&for=pc.

图2-10 海尔标志及海尔兄弟吉祥物

[43] http://m.docin.com/touch_new/preview_new.do?id=1008735424.

新能力上胜人一筹，但其价格优势能够保持长久，并非都是质量好的缘故，关键的一点是因为产品上有它们独特的标志等识别系统，最终他们成功地把索尼推向了全世界。

再如五芳斋发布的端午预热微电影，为五芳斋粽子画出了一幅历史悠久、品质上乘、风味独特的品牌画像。

画法都是次要的，画出一个独一无二的品牌面相，使它在消费者心中刻骨铭心才是我们的目的所在。

习题：

1. 松下、日立、三菱这样的大品牌在产品、创新能力上胜人一筹，价格优势能够保持长久，关键的原因是什么？（　　　）

　　A. 产品外观佳　　　　　　　　　B. 质量好

　　C. 独特的标志等识别系统

2. 在课程中所介绍的品牌标志都具有____特色。

换个角度思考：

_____

_____

_____

_____

[44] https://max.book118.com/.html/2015/0112/11311665.shtm.

第二节　符号性的品牌文化

一、品牌元素

品牌的基本元素包括品牌名字、品牌口号、品牌歌、识别系统等，这些基本元素是品牌形象形成的载体。[45] 只有品牌的基本元素维护得当，才能塑造良好的品牌形象，才能为企业带来实质的现金流。[46] 强势品牌的形成过程离不开品牌元素的有效定位和不断积淀。[47] 消费者很少采用客观态度来评判产品或服务质量，往往通过主观感知评判产品或服务质量。

[45] http://www.wendangku.net/doc/.d6b8d9d43186bceb19e8bb85.html.

[46] https://max.book118.com/html/2015/0112/11311665.shtm.

[47] http://www.wendangku.net/doc/d6b8d9d43186bceb19e8bb85.html

（一）品牌名字

品牌名字（词组）本身无语义学含义，这可以避免因带有语义学概念或意义而导致消费者主动联想，[48] 品牌名字对感知质量影响的理论研究相

[48] http://www.docin.com/p-1550191410.html.

对比较成熟，对于消费者来说，名字传达了一定的质量含义，Wernerfelt（1984）指出，品牌名称可以传达很多关于制造商的众多信息，其中就包括消费者可以信赖的产品质量信息。

（二）品牌口号

品牌口号（Brand Slogan）是指企业在较长时期内反复使用的能够展现品牌精神、内涵或个性的短语或短句。卓越的品牌口号不仅能够帮助企业在消费者心中迅速占领有利的位置，甚至能引发消费者购买行为的改变。

（三）品牌歌

由于音乐本身的干扰作用与情绪唤起能力以及意义传达的辅助功能发生中和，音乐要对品牌理解和品牌评价产生影响，在音乐与广告信息内容相一致的情况下，高、低卷入消费者总体来说并不会在品牌认知水平上产生十分显著的差异，总体来说，在不同音乐条件下，只有品牌理解和品牌评价间呈现显著正相关，品牌识别则处在相对独立的角色中。

Dream It Possible 是华为 mate8 发布会主题曲，这首歌本来是华为的品牌歌曲，却一不小心风靡了全世界。

除此之外，还有 2008 年北京奥运会的一首《北京欢迎你》也是走街串巷红遍大江南北，有着标志性的品牌特点和可识别度；苹果耳机广告歌曲 Marian Hill 的《down》也与苹果公司的广告内容相一致且极有代入感；还有 Miss Dior 迪奥小姐香水的广告用 Sia 的《Chandelier》作为广告曲目，极具年轻活力又不失奢华之感。

（四）识别系统

品牌的识别系统是由品牌视觉符号及相关的一整套的品牌视觉识别系统所构成的，因此，它不像商标那样容易被仿冒，它具有的精神特色、文化内涵和个性特征等有形和无形价值很难被跟从。

以任天堂 Switch 的视觉识别系统为例，NS，全名 Nintendo Switch，是任天堂游戏公司于 2017 年 3 月首发的旗舰产品，主机采用家用机掌机一体化设计。NS 首秀获得强烈反响，预告片 YouTube 首日播放量超 1 000 万回，一度登顶 YouTube 播放榜首，风头压过美国大选。NS 自 2017 年 3 月上市以来，仅用 9 个月就卖出 1 400 多万台，超过 WiiU 1 350 万台的累积总销量。截至 2018 年 3 月末，Switch 全球累计销售 1 779 万台、

图 2-11　任天堂 Switch 广告

软件 6 897 万份。[49] 醒目的 Logo 标记和组装时发出咔嗒、咔嗒声的 Joy-Con 手柄[50] 具有非常高的可识别度，简明又富有特点的模块化设计也在 Logo 上得以体现，产品本身也成为了富有特点和个性的品牌视觉识别系统的一部分，并且通过其使用方式、外观、配色等，将其与其他掌机有了很明显的区分，从而有了较高的辨识度。（图 2-11）

Chematony&McDonald 指出：一个成功的品牌应该是"一个可以识别的品牌、服务、人或地点，品牌的作用就是买者和用者能够通过品牌感受其相关唯一性，以找到离他们需求最接近的东西"[51]。因此，可识别性是一个品牌尤其是一个强势品牌能够成功的先决条件。

[49] https://www.zhihu.com/topic/20063898/newest.

[50] https://baike.baidu.com/item/NS/20233079.

[51] https://max.book118.com/.html/2015/0112/11311665.shtm.

习题：

1. Wernerfelt（1984）指出品牌名称可以传达很多关于制造商的众多信息。沃尔沃以（　　）来命名品牌名称？

　　A. 地位　　　　　　　　B. 性能的文化负载词

　　C. 人名　　　　　　　　D. 语音符号

2. 一个成功的品牌应该是一个可以识别的品牌、服务、人或地点，品牌的作用就是买者和用者能够通过品牌感受其相关唯一性以找到离他们需求最接近的。（　　）

　　A. 对　　　　　　　　　B. 错

换个角度思考：

_____
_____
_____
_____

扫码看视频

二、Logo 设计的概念

Logo 是企业品牌个性、价值、文化的承载物，它的本质作用在于与消费者进行良性沟通，从而传达品牌核心价值。随着时代的进步，Logo 设计的重要性是不言而喻的。它具有识别性、特异性、内涵性、合法性、整体性（结构性）和色彩性。Logo 作为一种特殊的视觉识别符号，是一个企业或者品牌的形象、特色、背景、历史文化等的归纳与浓缩。它的本质作用在于与消费者进行良性沟通，从而传达品牌核心价值。随着时代的进步，Logo 设计的重要性是不言而喻的。

（一）Logo 的分类

Logo 作为一种特殊的视觉辨识符号，拥有独特的艺术语言，以及简单、清晰、易于辨别等特点。Logo 本身就是浓缩信息的载体，以最精简的形式尽可能地反映出 Logo 本身所代表的本质信息。标志的形式是多种多样的，主要分成三类：字体 Logo，基于文字变形的 Logo；具象图形 Logo，是对具象事物进行高度的概括和美化的 Logo；抽象图形 Logo，运用抽象图形进行设计，基于一种情绪或感觉。

字体 Logo：通常情况下是在某些现有的字体上进行字体的再设计。一般可取品牌名称的首字母或能够体现品牌精髓的文字。字体 Logo 的限制性不强，因此比较适用那些多元化的品牌企业。例如，可口可乐、IBM 公司等。IBM 公司的 Logo 运用平行的横线条来表示"速度与活力"，横向线条的运用和 B 之中的方块空间增加了标志的统一感与特殊感，传达出极致的发展感以及紧随产品发展的步伐。

具象图形 Logo：具象图形 Logo 在品牌设计中也是非常常见的。一个具体形象能够表达特定的含义。具有易识别、易记忆、有趣、便于语言传达的优点。例如，苹果公司咬了一口的苹果形象让人印象深刻。

抽象图形 Logo：抽象图形 Logo 在品牌设计中适用于多元化企业。抽象图形的 Logo 能够带来广阔感和自由感，留给人们丰富的想象余地，这有利于丰富 Logo 的艺术表现力。例如，耐克、阿迪达斯公司等。阿迪达斯商标象征着希腊胜利女神翅膀的羽毛，代表着速度，同时也代表着动感和轻柔。耐克商标的图案是个小钩子，造型简洁有力，急如闪电，代表速度和爆发力。[52]

[52] https://www.mroyal.cn/News_1058.html.

（二）Logo 的再设计

Logo 设计之于一个企业的重要性不言而喻，它不仅是企业形象的脸面，更承载了外界对企业的整体认知。所谓的"经典"是由当初或许再普通不过的设计方案随时间的推移被不断优化、完善并承受住了时间与市场考验之后的结果。哪怕在这些 Logo 形象被奉为"设计教科书"的今天，设计师们依旧在为它们寻求更优化的方案与突破，毕竟与时俱进与不断地创新优化才能保证企业形象的活力与竞争力。试想一下，一个诞生在 1974 年的品牌 Logo 哪怕在当时的社会看来再前卫时髦，对于生活在 40 多年以后的今天的受众而言，还是显得过时而难以满足更现代的审美需求。Logo 设计的成败是不容小觑的，有时候一个小小的 Logo 设计的改变就能魔法般让一家萎靡不振的老店焕发新生。而一次糟糕的 Logo 改版，也可能真的会毁掉一家稳步发展的企业好不容易建立起的好形象与信任感。因此，品牌 Logo 的设计变更由于牵连广、影响大常常让人望而生畏。其实如果能在维持好 Logo 的固有好形象与信任感的基础上适时对 Logo 设计进行优化升级为其注入新生活力，哪怕是花费较长的时间和精力来完成这一过程也是十分值得期待的有益尝试。

（三）Logo 再设计的最佳时机

1. 扩大规模或改变生意经营方向

公司增加全新的产品线；或者，公司正面临总部扩建和人员扩招；又或者，公司的商业版图处于扩张中，这些都是对老品牌 Logo 形象进行升级优化的好时机。

达美乐（Domino）比萨由于企业的发展，如今的经营范围早已不仅仅局限于比萨，所以新的品牌升级后，Logo 文字去掉了 pizza 的字样，只保留品牌名称，如此更贴合企业现在的发展方向且更显简洁大气有活力。

2. 新的市场竞争压力

如果公司已是行业翘楚，站到了这场"竞争游戏"的金字塔尖，而突如其来的强劲对手让公司措手不及，但公司必须全力维护自己的商业版图和市场优势。这时候，一个全新优化的 Logo 形象就能助公司在这场"战争"中迅速突出重围，抓住消费者的眼球并让他们感受到品牌与时俱进的活力与热忱。

3. 全新消费群体

公司可能已经拥有了忠诚度较高、黏度较强的稳定消费群体基础，然而学会如何赢得更广阔、更年轻的目标群体是公司发展绕不开的课题。The brothers 品牌之前的 Logo 比较原始与严谨大气，具有当时那个时代的审美情趣，而其最新的 Logo 改版则使品牌形象显得更加生动、活泼、有朝气，老少咸宜。

4. 品牌价值或核心使命有所改变

随着生意的日益扩大，变化与发展自然而然随之发生，公司的品牌调性或者价值使命早已与当年初创时的模样相去甚远，Logo 就到了该改头换面展现公司如今风貌的时刻了。

5. Logo 形象给人的印象是否已经陈旧过时？

假设公司的 Logo 创作于几十年前的 20 世纪 80 年代，它的设计必然难以避免地带有属于那个时代特有的审美情趣与风格，这是很自然的事情。但值得关注的是，几十年过去了，如此具有时代烙印的设计是否会让消费者感到过时与审美疲劳呢？更重要的是，陈旧的设计很多时候会出现难以

图 2-12　星巴克的 Logo 演变

很好适应更现代化的制作工艺与媒介展示平台的情况。比如，如今的品牌 Logo 形象更多的时候会被应用到手机、电脑等电子设备媒介上，而与时俱进的 Logo 设计必然要考虑到其形象在新媒体介质上的展示效果。[53]（图 2-12）

星巴克的绿色徽标是一个貌似美人鱼的双尾海神形象，这个徽标是 1971 年由西雅图年轻设计师泰瑞·赫克勒从中世纪木刻的海神像中得到灵感而设计的。星巴克自 1971 年成立至今 40 年来经历了 4 次换标，每一次换标都是一次品牌升级，更是星巴克对其品牌的全新诠释。几十年前星巴克创建这个徽标时，只有一家咖啡店。如今，优美的"绿色美人鱼"竟然与麦当劳的"m"一道成了美国文化的象征。Logo 从 16 世纪的复杂图案变成现今简洁明了的美人鱼特写，除了符合现代简洁审美，把文字去掉，意味着星巴克不再满足"专注咖啡"的品牌形象，将扩展到更多新的食物领域。

WE ARE MACMILLAN（我们是麦克米兰）是一个自信、有活力的组织，是一个帮助癌症患者的公益网站。绿色是这个品牌的品牌色，象征积极向上的生活态度，简单直接和亲切可爱的 Logo 字体让癌症变得不再可怕。

以前由传统绿丝带和严肃文字组成的 Logo，如今变得亲切可爱、简单易懂，整个 Logo 传递了积极乐观的思想。Logo 升级十分成功，其 Logo 与标语也成为了人们生活中一道靓丽的风景线。（图 2-13）

[53] https://www.sohu.com/a/161362307_442971.

图 2-13　WE ARE MACMILLAN

习题：

1. 抽象图形的 Logo 能够带给消费者何种感受？（　　）

　A. 广阔感　　　　B. 安全感　　　　C. 稳重感

2. 你的公司最近刚增加了一条全新的产品线；又或者公司正面临总部扩建人员扩招的时刻商业版图也在扩张中，这都是对老品牌 Logo 形象进行升级优化的好时机。（　　）

　A. 对　　　　　　B. 错

换个角度思考：

_____

_____

_____

三、品牌形象代表

"品牌形象代表"（brand character）是品牌符号的一种特殊类型，是品牌形象的传递者。因此，品牌形象代表在本质上属于品牌标识。它常取材于人类本身或现实生活，并通过广告形式推出。每个品牌都是有个性的，能够提取出来做成代表品牌个性的形象，就可以作为品牌形象代表。形象代表是以动画或者活生生的人物为题材的一种特殊类型的品牌符号，往往色彩丰富、充满想象力和个性特征，能使品牌更加可爱且具有乐趣，代替品牌面对用户群体。它是人们为了突出产品的个性特征而选择有亲和力的、具备特殊精神内涵的事物，以富于拟人化的象征手法且夸张的表现形式来吸引消费者注意、塑造企业形象的一种具象化图形的造型符号。形象代表往往具有人性化的特征，因此很容易与消费者之间建立情感联系，是品牌与消费者之间进行沟通的重要手段。

品牌形象代表又分为虚拟形象和现实人物原型。虚拟形象组成的品牌标识有：米老鼠、米其林先生、海尔兄弟等。由现实人物原型组成的品牌标识有：肯德基的山德士上校，桂格麦片商标上身着桂格派教友服装的男子形象等。

（一）形象代表对企业品牌建设的意义

1. 亲和力的形象，有利于拉近消费者与企业之间的距离

在创造活动中，创意的闪现便是人类的主观情感与外界获得的经验所产生的新颖的创意点。形象代表的诞生正是人类创意的具体体现，是人类智慧的结晶。吉祥物以其可爱、生动、活泼、亲切动人的形象出现，更加容易得到大众的认可，拉近了人与吉祥物的距离，同时也拉近了人们与企业之间的距离。

2. 承载品牌情感，有利于快速传播企业文化

形象代表对于企业品牌的推广、企业文化的传播体现在很多方面。比如，常常参与企业文化所要求的社会公益活动，这些活动不仅有利于社会的发展，也使形象代表的影响力大大增加，便于宣传推广，体现企业主题文化，加强文化交流，缩短了文化差异给人们带来的距离。共同的文化观念可以使不同文化背景的人产生情感上的共鸣，使消费者通过形象代表进一步认识企业，理解它的经营理念，在消费者心中树立起企业的形象，传达出产品的特性、质量等信息，从而塑造出优良的企业形象。

3. 有利于延续品牌生命

企业品牌的塑造主要是为了提高企业竞争力，突出企业优势，品牌是企业塑造的一种对外个性的自我表达，品牌形象代表正是企业个性特征集中表现的产物，由于品牌存在生命周期性限制，一个品牌在其建立时期总要经历产生、发展和衰退的过程。建立完整的品牌文化不是一蹴而就的，随着时间的打磨，品牌走向衰退期是在所难免的。因此，要想使企业品牌生命力更加顽强，就需要在不同的时期对品牌进行科学的修复与完善。品牌形象作为企业代言人，其本身的生命力是与企业生命力保持一致的。受到整个社会商业大背景的影响，品牌形象代表需要强大的生命力作为支撑，因此需要长期存在。所以，企业吉祥物需要企业有一个与品牌形象代表生命力体系协调的发展规划，共同成长。

（二）在品牌建设中关于品牌形象设计的注意事项

1. 不能喧宾夺主

对于一个品牌而言，品牌名称始终是最重要、第一位的，品牌形象代表只能为名称增色而不能使其黯然失色。当竞争者以类似形状作为标志并偷换品牌名后，部分消费者可能无法识别。中国老字号品牌"大白兔"糖的形象代表是一只可爱、露出笑容并充满动感的兔子，与大白兔这一图形相似，"大白兔奶糖"五个字则在整个标志中占用较少的空间。因而当竞争者同样以一只形状类似的兔子作为标志并偷换品牌名后，部分消费者可能无法识别。这最终会稀释大白兔奶糖的品牌资产。

2. 内涵鲜明，避免实效性差

品牌吉祥物对企业或产品充当品牌代言人的角色，由于其承载着企业的经营理念、企业文化、行业特色，所以内涵一定要鲜明。此外，形象代表的设计与企业的战略发展息息相关，因此企业要不断地更新其中包含的元素，修改设计，发挥形象代表在企业识别系统中的作用。中国的商业形象代表在设计上就缺乏对长远推广的打算，在建立企业形象之初，不惜重金塑造符合企业形象的品牌形象代表，却缺乏持久的后期计划和时效性，这样只会导致企业形象代表在岁月的打磨下日益暗淡。因此，要根据品牌定位对品牌形象代表进行与时俱进的更改，以彰显品牌活力并减少消费者视觉疲劳。但更改前后，品牌的核心 DNA 需要传承。如星巴克的美人鱼是它的品牌形象，从 20 世纪 60 年代到如今，美人鱼由繁到简，符合现代人的审美需求。

3. 形象代表设计与推广相结合

企业品牌的推广是有效而持续的，许多企业和商家只注重当前利益，并没有进行后期维护，久而久之形象代表逐渐淡出人们视线被大众遗忘，更谈不上喜欢，达不到最初的设计效果。形象代表的设计虽在企业内部完成，但与对外营销推广密切相关，它是设计与营销连接的桥梁。形象代表作为桥梁并没有形成系统化的产业链，与两端无法有效地衔接，导致其商业、娱乐和文化价值不能得到充分发挥和体现。

形象代表的价值符号与商品价值相互作用，商品的价值一旦为消费者所认同，就会形成有价值的符号，而有意识的价值符号的传播无形中增大了商品的价值，从商品价值到符号的价值再到商品价值，这个过程不断循环，二者的统一创造了能满足消费者心理与情感需要的产品。

米奇老鼠是迪士尼的形象代表（图2-14），米奇是美国迪士尼公司出品的动画片中的一个经典卡通形象，在1928年的第一部有声电影《威利汽船》中首次亮相，随即风靡全球。迪士尼通过创造动画片新颖的故事题材，运用与时俱进的热点话题塑造了米奇动画片中的不同形象。迪士尼将其制作成精美的产品，小到耳钉、MP3，大至电脑、汽车等产品都能找到米奇符号的影子。同时，迪士尼品牌开创的主题公园使人们能走进童话世界，主题公园是充满快乐的体验营销。迪士尼通过动画制作、产品延伸、品牌体验，最终赢得了世界各地人们的心。

图2-14　米奇

肯德基品牌形象代言人物是山德士上校，这一方面借助于山德士的名人效应，向消费者传递品牌创始者的精神；另一方面，山德士上校这个温馨、和蔼、极具亲和力的形象让许多人对肯德基产生认同感。在KFC的品牌故事中也不断提到这个形象代表，加深了人们对品牌的印象。（图2-15）

图2-15　肯德基老爷爷

习题：

1. 在品牌建设中关于品牌形象设计的注意事项。（　　　）

A. 形象代表设计，不应与推广相结合

B. 内涵无须太鲜明

C. 品牌名称始终是第一位

2. 商品的价值一旦为消费者所认同，就会形成有价值的符号，形象代表的价值符号与商品价值并无相互作用。（　　　）

A. 对　　　　　　　　　B. 错

换个角度思考：

_____

_____

_____

_____

扫码看视频

四、产品风格及经典设计元素

（一）产品与品牌的关系

"产品"一词在各行各业中普遍存在，它既包含有形的物品，也包含无形的服务、组织、观念或它们的组合，凡是人类为了生活而创造生产出来的物品，都可以称为"产品"，广义的"产品"可以是一切人造物。我们所讨论的"产品"，指的是能通过人的感官，直接触及或操作的现代化批量生产出的实体物品，它们种类繁多，功能形态各异，可以小到钢笔、纽扣，也可以大到列车、飞机，等等。

品牌之战，产品为王。品牌是心灵的烙印，但任何一个品牌的塑造都离不开它所对应的产品。产品主要是用来满足消费者生理需求和功能需求的，是实现消费者与品牌情感对接的必不可少的媒介，而品牌主要是满足消费者的心理需求和情感需求的。按照马斯洛的需求层次理论只有在消费者生理需求被满足的情况下，心理需求才能得到满足，亦即"物质基础决定上层建筑"，因此，只有在产品获得消费者认可的前提下，企业才能不断地去塑造品牌。消费者通常会经历了解产品、认同产品、习惯消费、与品牌产生情感，甚至到最后离不开这个品牌这样一个漫长过程。在此过程中，产品是消费者与品牌之间产生和建立情感的纽带。品牌的塑造过程就是消费者通过产品进行情感对接，从而在心灵上打上烙印的过程。所以说，产品是品牌生存的基础，品牌是产品认知的升华。以质量低劣的产品为基础建立品牌是不可能实现的，而没有品牌的产品也无法长期生存。

（二）符号性产品设计的一般程序

1. 设计目标的确定

设计目标一般是企业通过汇集消费者或市场竞争等各方面的机会和问题，综合分析、比较而形成。符号学设计的目标与一般意义上的开发目标相比，不需要太全面，只需要围绕人、物、环境、社会、文化等内外因素有大致明确的定义即可。这使后面的设计步骤有开展的基础，是设计的大致方向，隐含着产品符号意义的特性和重点，也是后面设计评估的参考。

2. 观察与信息获取

这是符号学意义设计的重要环节，是对人—物—环境—社会—文化间的关系和背景的观察与分析，关系到产品符号的认知、意义的理解、符号的来源及影响因素等，有助于找到诸多语意的线索和限定，并发现设计的机会和具体的创新方向。

3. 确立产品预期的情境和整合原型

这是对设计对象变化互动的预期和形象原型的确定。这个阶段主要将前面获取的众多信息和知识综合形成设计的概念和形象定位。

4. 意义的整体表现

设计对象的创造阶段，在概念原型和视觉原型的指导下，内容到形式的转换是整个设计过程的关键。这种转换应是方法理性和过程感性的，包括形式的建构、五感的转换和交互界面的设定。首先是进一步寻找支持和演绎发挥上述属性特征的造型语意，这既可以是局部的，也可以是片段式的设计符码。一般通过"自由联想"和"头脑风暴法"寻找各种产生语意的视觉符号要素来演绎抽象的特定属性特征，包括形态、色彩、材料、结构及各种细节或者动态的操作过程的语意表达媒介，通过图像、指示和象征等多种途径来尝试表达不同的语意重点。

5. 设计评价与改进

用户因素是以人为本的设计中的关键因素。因此，作为了解产品设计效果的有效手段，用户评价在目前乃至以后时期的重要性越来越突出。[54]

（二）产品造型风格创新设计

产品外观设计是否成功，将决定着产品能否给用户带来良好体验。人们对产品外观的印象非常深刻，这也是为什么甲壳虫汽车、瑞士三角巧克力能够长寿的原因。产品的外观包括产品的形态、材质和色彩等要素。形态包含"形"与"态"两层含义。"形"是指产品的外形，它与感觉、构成、结构、材质、色彩、空间、功能等密切联系；"态"则是指蕴含在物体形状之中的"精神势态"。形态就是指物体的"外形"与"神态"结合，只有形神兼备、形润神丰的形态才具备真正的美感。优秀的产品形态应该具备实用性、经济性、美观性和创新性四个特性。

"实用性"是对产品形态的最基本要求，造型服从于功能，要设计出先进和完善的形态，就要充分考虑产品的工作范围、工作性能和使用功能，使产品物质功能得到最大限度地发挥。

"经济性"要求产品的形态在制造过程中耗费最少的人力、财力、物力和时间，但又能得到最大的经济效益。同时要求产品在满足实用性和审美性的前提下，保证可靠性和达到使用寿命的预期要求。

"美观性"是消费者对产品形态在精神方面的主要需求，要求以实用性和经济性为前提，遵循形式美法则，塑造产品完美、生动、和谐符合时代审美趋势的形象，能体现社会的物质文明与精神文明发展。形式美法则是人们在长期生活实践特别是在造型实践中总结出来的规律，是人们对大自然美的规律加以概括和提炼形成一定的审美标准后，又反过来指导人们造型设计的实践。而提升产品的形式美，需要遵循比例与尺度、多样与统一、节奏与韵律、均衡与对称、稳定与轻巧、对比与调和、主从与重点等形式美法则。

"创新性"要求产品形态不断突破，通过塑造有个性、有魅力、有感情、友好新颖的造型提升产品的附加值，获得消费者的青睐，纯粹的继承和单纯的模仿都不会创造出有突破性的产品形态。

[54] https://en.wikipedia.org/wiki/Public_space.

（四）产品风格感观

感观一：硬朗、冷峻、科技感（图 2-16）
形态语言特征：直线、棱角分明、刚硬；
色彩语言特征：银色、深蓝色、黑色；
材料工艺特征：金属、透明材质、光运用。

图 2-16　硬朗风格的产品

感观二：圆润、温和感（图 2-17）
形态语言特征：曲线、圆、饱满；
色彩语言特征：白色、明亮、柔和；
材料工艺特征：塑料、陶瓷、木材、织物。

图 2-17　圆润、温和的产品

感观三：运动、厚重感（图 2-18）
形态语言特征：重复的线条、节奏、纹理；
色彩语言特征：橙色、绿色、蓝色、稳重；
材料工艺特征：塑料、橡胶漆、晒纹。

图 2-18　运动感的产品

感观四：有机形体、仿生形体（图 2-19）
形态语言特征：流线、饱满、无序、自然生长；
色彩语言特征：橙色、绿色、蓝色、稳重；
材料工艺特征：塑料、橡胶漆、晒纹。

图 2-19　有机形体的产品

（五）经典产品元素

乔布斯受到早年研发程序的影响，特别喜欢程序框图中矩形圆角的形态，认为它简洁、稳定而优美。因此，苹果的 iPhone、iPod、iTouch 等均采用了这种造型。苹果的产品外观申请了专利，便认为其中的矩形圆角特点也在苹果的专利范畴内，要求竞争对手不得正面使用矩形、圆角和扁平造型；显示屏最好是正方形而不是长方形，或者尽可能不要做成矩形。再如 Zippo 打火机，也将长方形倒圆角作为其专有的造型特征申请了专利保护，这也限制了其他厂家的发展，特别是我们国家的高档打火机出口厂商深受其害。有些元素，由于被品牌不断地灌注到不同的产品中，日积月累，已经成为该品牌的不二识别符号和图腾。

（六）珠宝中的品牌经典元素与故事

每一个珠宝品牌都有自己代表性的造型和元素，当这些经典的元素出现在人们面前时，人们就会马上知道这件饰品来自于哪个品牌。今天，我们就来讲讲这些经典的代表性元素。

卡地亚（Cartier）与猎豹的故事：卡地亚与猎豹的渊源还要从卡地亚家族的第三代传人约瑟夫·卡地亚和艺术总监贞·杜桑的爱情故事说起。一次他们一同去美洲丛林考察，一只美洲豹悄悄靠近约瑟夫，贞·杜桑发现之后立即高声提醒他，可约瑟夫知道如果他转身逃跑，美洲豹势必朝他扑过来，于是他孤注一掷用机智的方式将美洲豹吓退，他们也迅速逃回了不远的吉普车中。经过这一劫难，他们迅速坠入爱河。可是当时约瑟夫已婚，他们的感情遭到卡地亚家族的一致反对，最终在一场车祸中，约瑟夫不幸离世，留给贞·杜桑的是一辈子的悔恨和思念。

宝格丽（Bvlgari）与蛇的故事：古希腊将 Asclepius 尊为医疗之神，其代表符号是有两条蛇相盘绕的杖。因此人们相信蛇拥有了神秘的力量。宝格丽便以此为灵感之源，推出旗帜性作品蛇形腕表，之后融合黄金、宝石等不同材质设计出的项链、戒指、手镯等不同珠宝产品大受好评，所以蛇变成了宝格丽的标志之一。

香奈儿（Chanel）与山茶花的故事：如果品牌是一个国度，那么山茶花就是香奈儿国度里的国花。相传香奈儿创始人可可·香奈儿一生最爱的情人亚瑟·鲍依·卡柏送她的第一束花就是山茶花。所以香奈儿女士在自己的作品中特别喜爱使用山茶花。山茶花具有独立奔放的特质，且不失素雅清新，它总被演绎成各种首饰作品，清丽简雅，雍容的黄金配以典雅的银，或加以钻石做点缀，在相互矛盾的材质与气质中别具一格。

（七）B&O 的设计哲学

B&O 公司的设计管理负责人 J. 巴尔苏是欧洲设计管理方面的知名人士。他在谈到自己的工作时说："设计管理就是选择适当的设计师，协调他们的工作，并使设计工作与产品和市场政策一致。"他们认为如果 B&O 公司没有明确的产品、设计和市场三个方面的政策，公司就无法对这些居住分散、各自独立的自由设计师进行有效的管理，也就谈不上 B&O 的设计风格。为此，公司在 20 世纪 60 年代末就制定了七项设计基本原则：

（1）逼真性：真实地还原声音和画面，使人有身临其境之感。

（2）易明性：综合考虑产品功能、操作模式和材料使用三个方面，使设计本身成为一种自我表达的语言，从而在产品设计师和用户之间进行交流。

（3）可靠性：在产品、销售以及其他活动方面建立起信誉，产品说明书应尽可能详尽、完整。

（4）家庭性：技术是为了造福人类，而不是相反。产品应尽可能与居家环境协调，使人感到亲近。

（5）精练性：电子产品没有天赋形态，设计必须尊重人—机关系，操作应简便。设计是时代的表现，而不是目光短浅的时髦。

（6）个性：B&O 的产品是小批量、多样化的，以满足消费者对个性的要求。

（7）创造性：作为一家中型企业，B&O 不可能进行电子学领域的基础研究，但可以采用最新的技术，并把它与创新性和革新精神结合起来。

B&O 公司的七项原则，使得不同设计师在新产品设计中建立起一致的设计思维方式和统一的评价设计标准。另外，公司在材料、表面工艺以及色彩、质感处理上都有自己的传统，这就确保了设计在外观上的连续性，形成了简洁、高雅的 B&O 风格。

（八）产品风格设计案例：Seletti Hybrid 恶趣味拼接

Hybird 系列的恶趣味在于拼接感，这个系列是 Seletti 和著名设计工作室 CTRLAZK 合伙打造的。买一个盘子可以赚到两种风格的感觉，一半是中国风，另一半是欧洲洛可可风。将传统文化融入其中，无论是视觉还是在象征意义上都有加分。

在意大利的家具圈中，Seletti 的产品其功能性并不占优势，甚至可以说毫无竞争力。但 Seletti 靠其图案反常规的恶趣味性，在众品牌中突出重围。

这一系列产品还有沙发、雨伞、床单，甚至是被咬了一口的香皂。色彩和图案俗艳又大胆，价格也同样让人瞠目结舌。

习题：

1."产品"既包括有形的物品，也包含无形的服务、组织、观念或它们的组合，凡是人类为了生活而创造生产出来的物品，都可以称为产品。（　　）

A. 对　　　　　　　　　　B. 错

2. 品牌的塑造过程就是消费者通过（　　）进行情感对接，从而在心灵上打上烙印的过程。

A. 品牌文化　　　　　　　B. 广告
C. 产品　　　　　　　　　D. 购物体验

换个角度思考：

_____

_____

_____

五、独特的包装风格形态以及经典元素

生活到底有多精致，看你身边各种各样的东西都是怎么被包起来的就知道。这个时代有多看脸，不用我们说了吧！

不过大家可能都忽略了一件事，这个时代所谓的看脸，说的大多都是屏幕里的"看"。Instagram 啦，视频啦，随便哪张图片啦。拿秀场举个例子，那些传遍世界的街拍和 T 台照，不遗余力让自己有特点一些，无非是想让人们在看到照片时一眼抓住重点，而真有机会站在实体旁边就会发现全然不是那么回事。

唯有一个例外，包装设计公司会严肃地解释说，包装是一种媒介，品牌通过它向顾客讲故事，甚至可以和顾客建立对话。让我们设身处地地换个说法，只要我们需要"用"一个东西，我们就绕不开它的包装（世界上最聪明的包装可能是香蕉皮之于香蕉，然而也有人给它设计过鸡肋的包装盒）。看到、拿起、略过或者点击图片，最后在手中感受、打开、使用，我们每天无数次重复这样的过程。

让我们有兴趣的，必须是从二次元到三次元都有足够吸引力的东西。我们甚至可以这样说，只有当日用品的包装有创意，才具备充足的条件进行竞争。而物品包装的变迁，往往可以折射出人们的生活态度。

（一）包装是品牌的"无声销售员"

市场竞争日趋激烈，包装除保护商品外，更要给消费者带来艺术与科技完美结合的视觉愉悦及超值的心理享受。一个知名品牌，总是能够满足消费者精神或物质上的某种期待。"人靠衣裳马靠鞍"，作为"无声的销售员"，包装要通过包装的形态、色彩、图案、材料、字体等综合因素创造时尚，增加商品的魅力，达到吸引消费者、引导消费者购买的目的。包装在无须销售人员的介绍或示范的情况下，使消费者只需凭包装画面上图文的"自我介绍"，就可以了解商品，从而决定购买。包装设计的低劣，直接影响消费者对产品品质的判断，同时，会对所属品牌产生连带效应，因为品牌的价值等同于产品品质，最终被归类于不值得信赖的品牌。深具艺术魅力的产品包装设计对购买者而言是一种美的享受，是促使潜在消费者变为显在消费者，变为长久型、习惯型的消费者的驱动力量。

（二）独特的包装风格以及经典元素

1.并不规整的手写字体，装点得亲切又温暖，这一切都是为了显得更"真诚"

当消费者变得越来越精明和挑剔，想要赢得他们对某个产品的信任也

越来越困难。应对这种变化,品牌与设计师们的策略是在包装上展现出产品很真诚,让人感到它不仅"是真货"而且"制作过程很用心"。因此,在包装上越来越多地出现了不规整的手写字体或潦草、仿佛一笔造就的信手涂鸦,并使用更自然的材质。总之,千方百计地展露出产品的真实感和手工艺,强调它蕴含人的个性与温度,希望以此与消费者建立起情感联系。

黎巴嫩有机橄榄油品牌 Gino's Garden 用两个倾斜的瓷瓶装自己的产品。瓶子状似形状不对称的橄榄,而瓷瓶永远只能倾斜地放置。这组包装看起来朴实无华,但却能很好地向顾客传达:这些产品都未经刻意加工,只是真诚地做些手工制造工作。

类似的还有台湾地区饮料品牌易珈。红豆水、薏仁水、红枣水等饮料包装上的产品名称都用了手写字体。每一个人的手写字几乎都是与众不同的,因此手写字体能强调产品个性与品牌辨识度,仿佛背后有独一无二的故事。

2. 简洁、直接,"少即是多"的价值观是王道

使用这种包装风格的品牌很好地抓住了顾客的一种心理——实在不想被冗杂的信息湮没,更对繁复而无谓的装饰感到审美疲劳。简洁的形式不仅能显示审美品位,还可以直接有效地传递品牌的核心,专注于卖什么。如果要做进一步区分,这类包装可能是带有科技感的极简抽象风格,也可能采用柔和的设计,低调地显出精致的气质或定位。

Nendo 工作室为日本咖啡品牌 Anchor Coffee 和啤酒品牌 Sekinoichi brewery 合作推出的咖啡味啤酒做包装设计,不改变原品牌啤酒瓶样式和形状,只是在瓶子表面贴上特别设计的贴纸。金色贴纸描摹了一粒粒咖啡豆的轮廓,全都由手工贴在啤酒瓶上。这个包装设计简单实用,凸显了这款啤酒的特色,咖啡的香浓和啤酒的清爽在这里互相交织(图 2-20)。

图 2-20 咖啡味啤酒,酒瓶上满是咖啡豆形状的金色贴纸

Babee 牌蜂蜜的包装也是如此。尽管玻璃罐表面无任何产品信息字样,但稍有常识的人一眼便知里面装的是蜂蜜。其实只是几条黑色横杠就让它瞬间变成了"蜜蜂",黑色瓶盖为头,标签是翅膀,圆圆的瓶身则酷似蜜蜂身体。表达方法简单粗暴,但塑造的产品形象却很可爱、讨喜(图 2-21)。

图 2-21 Babee 蜂蜜包装,像小蜜蜂

3. 大家都爱艺术与插画,这是要把商场变成美术馆?

很多艺术家通过图像来讲故事,而包装上的画则是品牌讲述自身故事的很好方式。简单或者写实的画,能准确地描绘出产品的功能和用途,更具想象力、带有艺术色彩的画则让产品更吸引人,或者激发顾客的特殊情感——艺术的魔力就在于此。

设计工作室 Horse 为农夫山泉设计的包装获得了 Pentawards 的最佳饮料包装奖,从配色到造型,它的包装都简洁而精致。但瓶身的画同样为这

图2-22 Horse 为农夫山泉设计的矿泉水包装

图2-23 巧克力包装上出现博斯的画

图2-24 Le Chocolatdes Francais 的巧克力包装带着法国调调

个设计加了很多分。农夫山泉的水源于长白山地区，包装用西伯利亚虎、中华秋沙鸭、鹿和红松等动植物展现了这一地带的自然风貌（图2-22）。

特别喜欢用绘画做包装的还有巧克力品牌。我们此前曾介绍过奥地利的 Zotter Chocolate，长期只和奥地利艺术家 Andreas H. Gratze 合作，其设计的巧克力包装有强烈的个人风格，但这也使得 Zotter 的产品在其本国拥有很高辨识度。

荷兰巧克力品牌 Vander Burgh Chocolaad Jheronimus 的包装上大量使用荷兰超现实主义画家博斯的画，其画风独特、奇诡，但又让你折服于他的想象力。采用这样的包装，真正是要把商店变成美术馆了。（图2-23）法国巧克力品牌 Lechocolatdes Français 则是另一种画风，更像是清新、亲切的简笔画，而红白蓝的色调、埃菲尔铁塔等元素明了地告诉你，这是在法国，在巴黎。（图2-24）

4. 包装设计界的脑洞是个包罗无尽有趣之事的大黑洞

毫无疑问，包装设计变得越来越好玩了。与其说是人变得更具创意，不如说设计师与品牌有了开放的态度，更愿意在产品中展现想象力与幽默感。毕竟，幽默可以卖钱！——微妙的幽默使人会心一笑眼前一亮，它可以树立很好的品牌形象，而且有趣的设计让顾客还没有开始使用就感到满满的愉悦了。

比如，俄罗斯家用设备品牌 Ingro 的包装，多彩而有趣，但它竟是卖泵的。设计公司 Otvetdesign 为使用者虚构了一群亲切的邻居，无论是强势的女人、搞笑的年轻人，还是肌肉发达的大力士、头发梳得油亮的中年地中海男，他们都有一个共同点——急需一个泵！这种看起来永远都很无聊、不会做任何包装考究的产品，竟然也变得喜感而有吸引力了。

俄罗斯人甚至在生鲜食品上都会做这样的包装。食品品牌"Damn Tasty"推出的保鲜猪肉系列，透明的外包装与纸质包装结合，品牌的图腾（一个常出现在俄罗斯民间传说里的恶魔）与猪（身体的各个部位）结合在一起。虽然我们不太懂背后的故事，但得承认它真的很吸引眼球。

5. 系列包装设计的统一性

包装设计是整体营销策略的一部分，对系列产品和独立产品的包装设计是有所区别的，各个产品有其特色，但又保持一致的品牌标识。出色的系列产品能让宣传更有力，可强化品牌形象。这也是为什么越来越多品牌在"系列"上做文章：风格贯穿始终，但细节上的差异不仅仅是换个颜色那么简单。

意面品牌 the Geometry of Pasta 的意面款式非常多，据说面本身就有300 种不同的形状，并且还推出了各种口味的酱料。考虑到这种产品的多样性以及品牌自身的文化"意大利面的几何学"，英国设计公司 Here

Design 就为其设计了样式丰富而又呼应主题的包装系列。

为了将顾客的关注点聚焦于图案，每个包装都使用基本的黑白两色；而不同款式包装上的图案，就是那一款意面真实形状的图像化，盒子中央还开了个透明的小窗，让你来个二维与三维的对比。

Here Design 还一并设计了相关食谱书，探索这些意面品牌形状背后的来源、故事。这个设计帮助品牌塑造了一种形象，即意面可以是精致的、有学问的、值得深究的。（图 2-25）

图 2-25　食谱书

6. 明亮的颜色，强烈的对比，无限变化的几何图案

一些细节上的设计元素渐渐被广泛使用，这些元素本身也形成了一种风格。前面曾提到许多包装很简洁，却做到了既吸引目光，又直截了当地传达品牌和信息。延续这种观念，一个很好的表达方式是：选择颜色强烈的几何图案。几何图形本身廓形简单，每个人都熟悉，但是它又有很高的抽象性，不同颜色、图形组合在一起有无限种变化，可创造出新的图案。

The Mashmallowist 是个手工棉花糖品牌。其传播理念是，棉花糖通常情况下是被拿去加到热巧克力里，或者和其他甜食搭配着吃，像一个装饰品或附属品，但实际上棉花糖本身就是个很棒的甜食，为什么不凸显出这一点呢？

于是，设计人员在包装上使用明亮的撞色，不同颜色对应具体的口味，如覆盆子、百香果、蓝莓。与此同时，各个大色块形状也不同，你可以看到梯形、三角形、六边形等几何图形。与前面说到的意面包装相似，这里也设计了一个透明区域让你看到里面的棉花糖，既简单明了，又让棉花糖的包装变得不再幼稚。

7. 白底、黑底，或者黑白对比

若想张扬个性，纯粹的白色与黑色也很重要。它们是"极简"与"明晰"的终极表达。使用单纯的白底与黑底可以让顾客更仔细地对待产品包装上的信息，而当黑白两个极端相遇，鲜明的对比本来就能形成强烈的视觉效果。

希腊零食品牌 GAEA 出的水果谷物棒既特别又可爱。普通的谷物棒，包装上通常会加上各种食材的图案和产品信息，因为一条谷物棒体积小，整个包装图案容易显得繁杂，有时甚至连品牌名字都混在那些花哨的葡萄干、杏仁、核桃中。

而 GAEA 的水果谷物棒巧妙地避免了这种情况的发生。以白色为底，整个包装上只有一个单色图案：那个口味的水果，而且只是它的上半部分，像一顶小帽子。这个包装设计谈不上精细，但在真正遇到时它会给你留下很深的印象。

8. 独特的外形也要实用

越来越多的设计师在考虑包装的形式时，不仅思考品牌叙事（怎么能让人轻易记住这个牌子），也更关注这个产品如何提高使用效率，减少顾客的负担。毕竟，将产品与竞争者区分开来的，除了颜值，还有它的实际功能，这对包装也适用。

外卖用的塑料碗沿用餐厅中的黑色圆状碗，可以将其堆叠。整个套装配备了一个纸板外包装，内里设置一处木筷插槽，纸板上部印有外卖菜单，白底红字，搭配黑色的碗。直接将菜单印在纸板外包装上的做法更便捷省事，免去了单独将纸质菜单夹入外卖中、再递送给顾客这道工序。设计师在 Wagamama 外卖包装盒这些细节上的考虑具有一定的巧思。

9. 回归自然、质朴的时代，包装也要环保

最近两三年，牛皮纸包装大热。从技术层面上看，它弹性好、韧性好，又可以回收利用，是很环保的包装材料。

食品品牌特别爱牛皮纸或者牛皮纸质感的纸包装，毕竟使用起来不易破损，而且能侧面体现出产品天然质朴、公司有"保护环境的责任感"。当越来越多人追求"环保、健康、自然"的价值观时，中高端品牌也会改变其包装设计的策略，转向更自然、简化的设计，而牛皮纸材料就是很好的选择。让人想不到的是悠悠球生产商也会认真地用牛皮纸打造包装。产品设计工作室 TAITDesignCo. 推出的 Sling-SlangYOYO 悠悠球工具箱，纸板箱里装有彩色的绳子和带沟槽的转轴，供顾客自己组装。从工具箱面上的图案看，不难猜到里面装的是悠悠球，打开之后，内部还有手绘说明书。手工制作、令人怀旧的儿时玩具，用牛皮纸这种自然而又有复古感的材质包装起来的确再合适不过。[55]（图 2-26、图 2-27）

[55] http://www.qdaily.com/articles/16769.html.

图 2-26　制作的悠悠球（上）；
悠悠球工具箱外观（下）；

图 2-27　悠悠球工具箱

10. "移动"环境下，将有更多互动方式

世界正在变得越来越智能，包装设计也如此——可能比你想象得还要聪明一点。印在包装上的二维码早就不是新东西；而在很多人还不知道什么是近场通信（NFC）、低能耗蓝牙（BLE）的时候，它们已经被用在了

产品包装中。品牌意识到自己面对的是沉迷于移动世界的消费者，因此试图通过移动交互技术来与这群人沟通，建立对话。

你可能会对近场通信（NFC，Near Field Communication，即近距离无线通信）更熟悉些，苹果最近推出的 Apple Pay 就使用了这种技术。只要内置 NFC 芯片，近距离的两点之间不需连网就可以进行数据传输、信息交换。Apple Pay 就是用手机靠近嵌有 NFC 模块的 POS 机来支付的。

现在，NFC 技术也用在了不少产品包装上。你未必想得到，酒类品牌在这方面走得挺快。过去酒品牌经常遭遇假酒问题，现在它们就在包装中植入 NFC 芯片，消费者可以在配有 NFC 技术的移动设备中安装相应的 APP，移动设备可靠近包装来识别酒瓶是否开启，辨别酒的真假。这样做的公司有苏格兰威士忌品牌 Johnnie Walker、法国人头马公司（把芯片植入酒瓶塞上），瓶盖供应商 Guala Closures Group 还和芯片公司 NXP 合作生产这种带 NFC 功能的瓶盖。新型移动交互技术用在产品包装中其实还有很多种可能性。[56]

[56] http://www.qdaily.com/articles/22967.html.

习题：

1.（　　）是一种媒介，品牌通过它向顾客讲故事，甚至可以和顾客建立对话。

A. 文案　　　　B. Logo 包装　　　　C. 价格

2. 一个市场里物品种类的变迁，往往也可以折射出人们的生活态度。（　　）

A. 对　　　　B. 错

换个角度思考：

_____

_____

_____

_____

六、起名策划

（一）品牌名称概述

扫码看视频

一个不太出名的企业在强手如云、竞品众多的细分市场里出了一个不是很特别的新产品，那么就需要起一个动人的名字，以迅速抓住消费者的内心。

名字也是生产力，众多企业为了能够拥有一个卓尔不群的名字往往不惜一掷千金。索尼公司创始人之一的盛田昭夫说："取一个响亮的名字，以便引起顾客美好联想，提高产品的知名度与竞争力。"美国当代营销

扫码看课件

大师阿尔·里斯在《打造品牌的22条法则》中说："从长远观点来看，对于一个人来说，最重要的就是名字。"强有力的品牌名称是无价之宝，是企业一笔能够增值的宝贵财富。宝马、奔驰、索尼这些名字已经广为人知，有着牢固的品牌地位。当消费者拥有消费能力时，它们就成为消费者心目中的首选。一个好的品牌名称可以获取更高的价格和较大的毛利，名牌的高价优势比比皆是，在进行品牌设计时，要特别讲求命名艺术。

品牌名称作为品牌的第一要素，能够传递品牌定位的信号；作为质量、性能的指示器减少消费者信息搜寻成本；并通过一定的品牌暗示和品牌联想降低顾客风险预期，从而带来更高的社会价值和心理价值。

由此可以看出，品牌名称是很直观的品牌定位信号，那么，没有足够知名度的品牌如何打开局面？

案例一：

来自英国的小品牌Ubrew，是一家开放式的啤酒精酿厂，向大众提供酿酒课程与DIY服务，并推出了一款淡啤酒。

没有悠久的历史，没有足够的知名度，Ubrew只是在伦敦和曼彻斯特有两家酿酒厂，想要在低醇啤酒市场打开局面实在是太难了，何况对手又是那些世界知名品牌。[57]

[57] http://baijiahao.baidu.com/s?id=1579793093368241351&wfr=spider&for=pc.

基于这样的现状，它们找到了麦肯米兰和MRM//McCann意大利，从命名阶段开始做起。于是，Ubrew的这款啤酒得到了一个属于它的新名字："Responsibly"。这个名字有什么特别吗？

就像烟盒上印有"吸烟有害健康"一样，许多国家都规定酒类广告中必须告诫受众酒驾的危害，英国也不例外，广告主必须提醒饮用者"DRINK RESPONSIBLY"（理性饮酒）。

抓住这个特点，主创团队开始大做文章：看到没有，这些大品牌都提醒你们要喝"Responsibly"哦！（图2-28、图2-29）

图2-28　Responsibly广告（1）

图2-29　Responsibly广告（2）

（二）品牌命名程序

1. 前期调查

在取名之前，应该先对目前的市场情况、未来国内市场及国际市场的发展趋势、企业的战略思路、产品的构成成分与功效，以及人们使用后的感觉、竞争者的命名等情况进行摸底，并且我们要以消费者的身份去使用这种产品，以获得切身感受，这非常有助于灵感的产生。

2. 选择合适的命名策略

前期调查工作结束后，便要针对品牌的具体情况选择适合自己的命名策略。一般情况下，功效性的命名适合于具体的产品名；情感性的命名适合于包括多个产品的品牌名；无意义的命名适合产品众多的家族式企业名。人名适合于传统行业，有历史感；地名适合于以产地闻名的品牌；动植物名给人以亲切感；新创名则适用于各类品牌尤其是时尚、科技品牌……当然，在未正式定名之前，也可以用各种策略进行尝试。

3. 动脑会议

在确定策略后，可以召开动脑会议，进行火花碰撞。在动脑会议上，任何怪异的名称都不应受到责难，都应该记下来，一次动脑会议也许得不到一个满意的结果，但可以帮助我们寻找到一些关键的词根，这些词根是命名的大致方向。

4. 名称发散

由一个字联想到 100 个词语，由一个词语，发展出无数个新的词语，在这个阶段，是名称大爆发的阶段，发动公司所有的人，甚至向社会征集，名称越多越好。

5. 法律审查

由法律顾问对所有名称从法律的角度进行审查，去掉不合法的名称，对无法确定而又非常好的名称应先予以保留。

6. 语言审查

由文字高手对所有名称进行审核，去除有语言问题的名称。

7. 内部筛选

在公司内部，对剩下的名称进行投票，筛选出其中较好的 10～20 个名称。

8. 目标人群测试

将筛选出的名称，对目标人群进行测试，根据测试结果，选择出比较受欢迎的 2～5 个名称。

9. 确定名称

与客户一起，从最后的几个名称中决定出最终的命名。

（三）品牌命名原则

产品命名没有固定的标准，但我们可以从以上国内外成功和失败的品牌命名案例中汲取经验教训，总结出品牌命名的一些基本原则作为我们项目的命名参考。

1. 品牌名称必须通俗易懂、便于记忆、利于传播

品牌名称的基本目的在于告知消费者本商品的基本诉求，另一重要目的在于传播。在信息泛滥成灾的当今时代，新产品要想占领市场，首先要占领目标消费者的头脑。结合恰当的产品宣传活动，一个朗朗上口的品牌名称能够比较顺利地被消费者接受并记住，在适当的时机也容易传达给他人。

2. 品牌名称联想美好，与商品内涵一致

产品名称是消费者最先接触的产品信息，甚至比产品实物更早对消费者产生影响。所以，对于功能性的产品，可借助品牌名称使产品进入细分市场的蓝海，抢占先机。而且，品牌名称不能产生不愉快的联想，如各国风俗、忌讳等，以免让消费者望而却步。

3. 品牌名称必须具有持续性及生命力

品牌生命力和持续性归根结底就是品牌的文化，没有文化的品牌是没有根基的，因而不会有太久的生命力。一些眼下很好、很流行的名字，也许过不了多久就会被人们遗忘；品牌要想保持长久的生命力，就必须有在空间和时间上可以延伸的文化基因作支持，否则只能是昙花一现，短暂的风光之后，就会灰飞烟灭了。

4. 品牌名称必须合法、可用

国家对知识产权和无形资产的保护不断加强与完善，企业的自我保护意识也越来越强，企业名称、商标名称等注册难度越来越大，我们的名称必须在法律允许的范围内并不会对其他企业造成侵权行为，而且可以通过国家工商总局的商标注册。国家规定，国家名称、国旗、国徽、中国县级以上行政区地名、中外著名地名、行业通用名称，以及带有明显夸大作用、模仿或者翻译他人未在中国注册的驰名商标和带有民族歧视性的名称等都不可以作为商标进行使用。

（四）品牌命名方法

1. 地域法

就是企业产品品牌与地名联系起来，使消费者从对地域的信任，进而产生对产品的信任。飞速发展的蒙牛牌乳制品，就是将内蒙古的简称"蒙"字作为企业品牌的要素，消费者只要看到"蒙"字，就会联想起风吹草低

见牛羊的壮观景象，进而对蒙牛产品产生信赖。

2. 时空法

就是将与产品相关的历史渊源作为产品品牌的命名要素，使消费者对该产品产生正宗的认同感。众所周知的"道光廿五"酒，就是在1996年6月凌川酒厂的老厂搬迁时，偶然发掘出穴藏于地下152年的清道光乙巳年（公元1845年）的四个木酒海（古时盛酒容器）。

经国家文物局、锦州市人民政府组织考古、酿酒专家鉴定，这批穴藏了一个半世纪的贡酒实属"世界罕见，珍奇国宝"。企业于是抓住历史赋予的文化财富，为用这种酒勾兑的新产品取名"道光廿五"。"酒是陈的香"，消费者只要看到"道光廿五"，就会产生喝到祖传佳酿的感觉。因此，运用时空法确定品牌，可以借助历史赋予品牌的深厚内涵，迅速获得消费者的青睐。

3. 目标法

就是将品牌与目标客户联系起来，进而使目标客户产生认同感。"太太口服液"是太太药业生产的女性补血口服液。此品牌使消费者一看到该产品，就知道这是专为已婚妇女设计的营养补品。运用目标法来命名品牌，对于获得消费者认同具有很大的作用。

4. 人名法

就是将名人、明星或企业首创人的名字作为产品品牌，充分利用人名含有的价值，促进消费者认同产品。如"李宁"牌，就是体操王子李宁利用自己的体育明星效应，创造了一个中国体育用品的名牌；世界著名的"戴尔"电脑，就是以创办人戴尔名字命名的品牌；还有"王致和腐乳""张小泉剪刀""福特汽车""邓亚萍牌体育用品""惠普""乔丹运动鞋""松下电器""本田汽车"等。用人名来命名品牌，可以提高认知率。

5. 中外法

就是运用中文和字母或两者结合来为品牌命名，使消费者对产品增加"洋"感受，进而促进产品销售。如"TCL"就是单独用英文字母；"雅戈尔"品牌就是用英文"YOUNGER"音译作为品牌，增加了"洋气"；"海信"的英文"HiSense"，在外国人眼中是"High Sense"，即"高灵敏、高清晰"的意思，为把产品推向世界做了很好的铺垫。还有音译和意译相结合的品牌命名，如可口可乐（COCA-COLA）、百事可乐（PEPSI）、可伶可俐（CLEAN&CLEAR），等等。运用中外法，要巧妙结合，切忌为洋而洋，或为中而中，尤其是防止乱用"洋名"，使消费者产生厌倦，甚至产生反作用。

6. 数字法

就是用数字来为品牌命名，借用人们对数字的联想效应，促进品牌的特色。如"三九药业"的品牌含义就是："999"，健康长久、事业恒久、友谊永久。

7. 功效法

就是用产品功效为品牌命名，使消费者能够通过品牌对产品功效产生认同。如"脑轻松"就是一种"健脑益智"的营养口服液品牌；"飘柔"洗发水，以产品致力于让使用者拥有飘逸柔顺的秀发而命名；"康齿灵""六必治"牙膏，则是用牙膏对牙齿的防治功效来进行品牌命名的。运用功效法命名品牌，可以使消费者看到品牌名称就联想起产品的功能与效果。

8. 寓意法

神话传说是各个民族的宝贵财富，很多品牌名称都来源于神话传说或是神话人物。日本汽车"马自达"是源于西亚神话中一位创造铁器、车辆的文明之神阿费拉·马自达。

9. 形象法

就是运用动物、植物和自然景观来为品牌命名。如"七匹狼"服装，给人以狂放、勇猛的感受，使人联想起《与狼共舞》的经典情节，运用形象法命名品牌，借助动植物的形象，可以使人产生联想与亲切的感受，提升认知速度。

10. 历史法

利用古代语言习惯，起一个具有古风的名字，无形中能够给企业增添不少历史沧桑感。如瀚宏轩、状元坊、资生堂、自然堂、贺一壶、万千堂、御泥坊等。清代有位叫朱彭寿的文人擅长代客取名，他曾下功夫收集一些有名店铺字号精心琢磨，发现这些店铺名常见的用字不外是那么五六十个。为了便于记忆和选用，他用平仄有序、押韵合辙、朗朗上口的律诗形式，把 56 个吉祥字串联起来，编了一首"字号诗"流传商界。

从这 56 个字的归类可以看出，数量众多（万、广、丰）、规模巨大（元、泰、洪）、发展顺利（亨、和、协）、生意兴隆（隆、昌、茂）、事业持久（长、恒、永）、万事吉利（瑞、祥、福）、公平信用（信、义、仁）等是生意人的良好愿望，也反映了朱彭寿对吉利字号的艺术概括。只要从中取一个字或两个字，或三个字，就成了店铺的字号，如北京的《同仁堂》、上海的《协大祥》、武汉的《谦祥益》、香港的《惠丰》《华丰》等。

11. 潮流法

根据时下审美习惯及语言习惯，尤其是网络语言习惯，起一些比较具有时代意义的名字，也可以起到快速传播的效果。如唰啦网、Q房网、滴滴、支付宝、余额宝、第三空间、陌陌、途牛网、去哪网、淘宝，等等。

12. 企业名称法

就是将企业名称作为产品品牌来命名。如：菲利浦电器、索尼电器、三洋电器。国外著名品牌一般是采用缩写的形式，像 IBM、3M、NEC，采用的是缩略语，即公司（企业）名称的每一个词的第一个字母组织起来构成一个新词，其特点是简练，但不能说明企业的特征。运用企业名称法来进行产品品牌命名，有利于形成产品品牌、企业品牌相互促进，可达到有效提升企业形象的目的。[58]

[58] https://www.topys.cn/article/24788.html.

习题：

1. 适合于包含多个产品品牌名的命名策略是（　　　）。
   A. 功效性的命名　　　　　B. 无意义的命名
   C. 情感性的命名　　　　　D. 动植物命名
2. 产品命名有固定的标准。（　　　）
   A. 对　　　　　　　　　　B. 错

换个角度思考：

_____
_____
_____

第三节　品牌与商标的异同

扫码看视频

一、共性

品牌，是一个集合概念，包含品牌名称、品牌标志、商标和品牌角色四部分。品牌是一个市场概念，无形大于有形。

商标，是商业主体在其提供的商品或服务上能够与其他商品或服务相区别的标志。它从属于品牌，但它需要注册进行确权，因此它更多的是一个法律概念。

（1）品牌和商标具有区别竞争者、有助于消费者识别的功能，都是企业的无形资产。

（2）功能一致。都属于企业的无形资产，是企业和产品形象的重要标志，具有区别功能，即它们的存在使其能区别商品，标明商品出处，便于消费者认牌购货等；具有广告功能，即商标或品牌是联结产品与市场、产品与消费者的桥梁和纽带，是商品进行展示、介绍和宣传的重要载体；具有美化功能，即可以点缀和美化商品，增强商标或品牌的独特魅力，加强消费者对商品的吸引力；具有价值功能，即品牌和商标是企业的一种无形资产，是企业形象和产品形象的重要标志，是信誉、声望和财富的象征，具有巨大的增值和获利潜力。

（3）与公司战略共同发展。品牌和商标与企业的战略发展息息相关，因此企业要不断地更新设计元素，随着企业品牌战略的不断更新而升级。

1977年苹果的商标变成了彩色，这代表着第一台彩色电脑诞生。

二、差异

（一）概念不同

品牌强调市场，商标强调法律。商标最大的特点就是具有独占性，它是通过法律的形式来作为一种保证；品牌最大的特点是差异化的个性，是通过市场来验证的。

（二）构件不同

品牌：静态、动态，构件丰富。
商标：静态，图案、文字或者图文结合。

（三）区域范围不同

商标的使用是有国界的，在一国注册的商标仅在该国范围内使用受法律的保护，超过国界就失去了该国保护的权利。然而对于品牌来说，它的使用范围更大。

（四）时效不同

对于商标来说，商标的实效取决于世界各国的法律，中国商标法规定为10年，到期可以续注，事实上，商标具有永久性权利。品牌的实效取决于市场，品牌的生命力长短取决于市场和公司的经营能力。

（五）使用与占有

不存在不使用的品牌，品牌不使用是没有意义的，但占有商标而不使用是公司的常态。一家公司可能拥有上百个注册商标，都是不同的名字，而只有其中一个或者两个才真正在市场上使用。如美国柯达公司的"柯达牌"（Kodak）胶卷为了保护Ko-dak这个商标，同时申请注册了Lodak、Kedak、Codak、Kodic等商标。

品牌是一个抽象的概念，商标是组成企业品牌的一部分，保护品牌不被侵权，代表了长久的价值。无论是商标还是品牌，都是帮助消费者区别产品或服务，让消费者留下深刻印象的重要工具，是每一个企业必不可少的。[59]

自1971年以来，日清杯面一直延续着它独有的设计——杯沿和杯底处有两条履带状的图案。2018年7月2日，日清正式宣布履带图案在日本注册为商标，这并非传统意义上的Logo，而是一种新型的"位置商标"。意味着一个杯子上即使没有品牌名字和Logo，只要出现这两条履带，也将被认为是日清的产品。根据世界知识产权组织（WIPO）的定义，商标是"一种独特的标志，将某些商品或服务标识为特定个人或企业生产或提供的商品或服务"。日清杯面的履带图案总出现在产品的特定位置，长期下来在消费者心中被认为是品牌的独特特征。这便是"位置商标"，由标记和它在产品上的特定位置两个元素构成。[60]（图2-30）

[59] https://mp.weixin.qq.com/s/BLC4uaK7SmulAZvFK-sFDg.

[60] http://www.qdaily.com/articles/54953.html.

图2-30 日清杯面

习题：

1. 下列哪一选项是以一个市场来作为概念的？（　　）
A. 商标　　　　　B. 品牌　　　　C. 品牌名称

2. 品牌可以独有而不使用，商标不能独有而且必须使用。（　　）
A. 对　　　　　　B. 错

换个角度思考：

第三章
品牌的数字化营销与案例

扫码看视频

第一节 产品策略

一、产品线设计与数字化营销策略

（一）产品线

产品线概念：产品线指的是同一个公司推出的系列产品，它们具有相似的内在联系、却又有各自独特的功能。同一目标群体也有着不同的细分需求，各具特色的系列产品可以很好地满足目标消费者的细分需求，当然，这些产品也可能功能相似或卖给同样的目标群体。

产品线设计：不同的细分群体有着不同的需求，产品线的设计要符合细分群体的不同需求。产品线的多样性能够帮助企业满足不同消费者的购物需求，从而吸引更多的消费者。当然，也并不是说一个公司的产品线越丰富越好，我们在开发新产品线时要注意与公司其他产品的匹配性，除此之外，还要符合公司未来的发展方向和战略规划。

例如，苹果公司旗下就有四款主要产品线：iPhone 手机系列、iMac 电脑系列（包括一体机和笔记本）、iPad 平板电脑系列以及 iWatch 智能手表系列产品。在这些"产品聚合"中，不同的产品满足于不同的细分群体的需求，或是满足同一用户群体在不同场景下的需求。比如，iPhone 手机系列是满足人们打电话需求的智能手机，苹果公司提供了不同的 iPhone 手机供人们选择：iPhone/iPhone plus/iPhoneX 等。iPad 平板电脑系列，苹果公司对 iPad 的定义是介于笔记本和手机之间的便携设备，满足人们浏览网页、看视频的需求（平板尺寸大、相比手机更适合浏览网页、视频等）。（图 3-1）

图 3-1 苹果产品线

如何设计产品线：首先，在产品线规划前，需要确定公司的定位或者核心价值主张是什么。这决定了公司产品线扩张的边界，这个核心不能确定下来的话，公司做的产品越来越多，反而会使自身的发展方向变得越来越模糊不清。

其次，需要衡量要开发的产品线是否与公司当前能力相匹配。比如，引进该产品线需要公司配备哪些资源和能力？新产品线是否可以与公司现有的产品和业务相辅相成？如果公司现在不做该产品，而其他公司做了，是否会对公司未来的发展构成威胁？

最后，需要合理分类，清晰地界定产品类别。划分产品类别的标准有很多，比如，从功能、规格、价格区间等进行划分。其中大多数消费者比较关注的是价格和功能。因此，建议以价格和功能为主要维度。以笔记本电脑为例，从价格角度上可以分为低端、中端、高端；从功能角度上可以分为办公、设计、游戏等用途。

我们在设计产品线决策过程中最重要的问题是搞清楚市场需求，并提高产品与市场需求的匹配度，提高新产品与公司现有产品之间的匹配性。产品线规划成功的前提是：需要对市场需求和影响消费者购买的主要因素进行深入分析和研究，消费者的购买行为决定了产品线的最终构成。需要注意的是，盲目地增加产品多样性并不利于公司发展，有时候会适得其反、容易使公司提供的产品不被消费者所接受，从而降低公司的利润。产品线设计也要跟上数字化时代的发展，消费者的需求在不断变化，数字营销策略也在不断发生着变化，所以产品线的设计也应该与时俱进。

扫码看课件

（二）数字营销

数字营销概念：数字营销一词是随着互联网科技的发展而出现的新词汇。所谓数字营销，就是指运用互联网技术为一个品牌/产品作营销和推广，实现营销目标，通常以计算机、手机等新设备作为传播载体。

数字营销于21世纪初期开始发展，它的基础是网络技术、通信技术以及人工智能技术的出现与发展，数字营销的传播对象是经常使用各种电子设备的用户，主要包括使用计算机、智能手机、平板电脑与游戏机等电子设备的用户。传播方式是通过社群媒体、电子广告、APP横幅广告等来推广产品。当然，数字营销也可以通过非网络渠道来传播，比如，电视、广播、短信等。[61]

总而言之，数字化营销是使用"数字传播渠道"来推广产品和服务的营销方式。数字化营销的特点是：及时、相关、定制化和节省成本，使营销效果可量化、可数据化的一种高层次营销活动。

数字营销的两种基本形式："拉"和"推"。[62]

[61] https://wiki.mbalib.com/wiki/ 数字营销．

[62] https://wiki.mbalib.com/wiki/ 数字营销．

"拉"式数字营销：使用户主动参与到查找和直接获取内容的活动中去。网站/博客和流媒体就是很好的例子。在这些例子中，用户会用一个专门的链接来查看内容。

优点：这种形式在内容形式或尺寸大小上没有严格限制，因为用户会主动获取所需内容。也不需要发送内容的技术，只需要存储和显示内容即可。

缺点：需要相当大的市场投入才能使用户能够找到需要的信息/内容；数据跟踪能力有限，只能拿到下载数量、页面浏览数量等信息；无法定制化，对于所有受众，接收和浏览的内容都是一样的。

"推"式数字营销：既包括营销人员（信息制造者），也包括用户（接收者）。电子邮件、短信、各种订阅通知等都是"推"式数字营销的例子。为了信息能够被用户接收到，营销人员必须发送（推）信息给用户（订阅者）。

优点：营销目标可定制化，可按照所选择的标准把产品信息精准地推送给潜在用户。例如，提供给一个大于21岁且住在无锡滨湖区的女性的优惠信息。通过详细的跟踪和报告，营销人员不仅可以得知有多少人看到了信息，而且还能得知关于每个用户的详细情况。如果实施得当，推送信息可以帮助企业带来新的收入并强化品牌。

缺点：兼容性问题。各种推送信息技术都有自己的技术规定：需要建设一个发送内容的系统，营销人员需要使用应用程序来推送信息。如果营销人员不遵守各个推送信息类型的规则，发送的内容可能会被阻挡掉。

产品数字营销案例一：百事可乐：把乐带回家之猴王世家

近年来，每逢新年，百事可乐都会推出《把乐带回家》系列微电影为品牌做推广宣传。2016年恰逢猴年，一部讲述章家四代人一心坚持猴戏的广告片《猴王世家》，赢得了猴年营销的头彩。当广告片里熟悉的《西游记》音乐响起时，勾起了无数人的儿时记忆，"苦练七十二变，方能笑对八十一难"的道理让人感慨良深，"把快乐一代一代传递下去，是为了让更多人把乐带回家"，更是赚足了观众眼泪，并成功地在微信朋友圈、微博等渠道广为传播。

"百事"在猴年说"猴"显然是为了迎合中国人的习惯，在情节上大打亲情牌和情怀招，不少人的微信朋友圈被此广告频频刷屏。为了唤醒大家内在爱玩、爱闹、爱笑的"猴性"，百事可乐还请来六小龄童在微博上晒出"乐猴王纪念罐"，希望通过一罐"乐猴王纪念罐"，把快乐传递给更多人。随后，百事家族的明星们以及当下最火的微博达人相继晒出收到乐猴王纪念罐的照片，并表示猴年定要把乐带回家。在明星和微博达人的号召下，话题热度不断提升，成功地刷了屏。[63]（图3-2）

[63] https://weibo.com/pepsico.

图3-2　乐猴王纪念罐

产品数字营销案例二：支付宝：全民集"五福"活动[64]

[64] https://36kr.com/p/5062818.html.

支付宝"集齐五福，平分2亿现金"的红包活动风靡全中国。集齐五福平分2.15亿的口号一喊出，大家跟抢彩票一样兴奋。然而敬业福是个稀罕物，据说淘宝都卖到了1000元，很多人五福缺一。"敬业福"的稀缺，2亿奖金的诱惑，稀少的集齐五福人数，无一不在吸引着大家病毒式地加好友搜集五福。一时间，几乎所有人都在社交圈里跪求稀缺的那张"敬业福"。春节前后，支付宝获得了集中的高强度曝光，传播量和品牌影响力不可估量。支付宝打造这次集福营销活动的最终目的其实是想切入社交，集福需要加10个好友，通过引导用户加支付宝好友，互送福卡，支付宝意欲借此打通支付宝内的社交关系。

习题：

1. 下列哪一选项的构建方式是以图案、文字以及图案文字的组合体组成的？（   ）

A. 商标　　　　　B. 品牌　　　　　C. 品牌名称

2. 下列哪一选项的构建方式由静态和动态两大部分组成？

A. 商标　　　　　B. 品牌　　　　　C. 品牌名称

换个角度思考：
_____
_____
_____
_____

二、产品设计与数字化营销策略

（一）数字化营销出现的背景

扫码看视频

数字化营销是在互联网科技、大数据等不断发展的背景下产生的，所以在数字化营销策略的前提下，现在的产品设计越来越智能化、可以产生数据，不再只是关注产品本身的功能、材质、颜色等传统的设计点，越来越多的产品都配有终端界面以及不论是虚拟的还是实体的操作界面。未来，我们家里的墙面可能会变成巨大的屏幕，我们用它放映各种内容，操控家里的各种物品。甚至首饰、衣服植入微小的芯片屏幕，随时随地产生数据、提醒我们重要信息。

扫码看课件

（二）数字化营销环境下的产品设计

进入互联网时代，受数字化营销思维模式和策略的影响，现在的产品设计也不同于传统营销模式下的产品设计思路。互联网时代的产品设计也要有互联网思维，即在互联网、大数据和云计算等背景下，对市场、用户、产品、企业价值链乃至整个商业生态进行重新审视并思考。

图3-3 戴森机器人

互联网时代，在数据策略的思考方式下设计的产品也是基于对工业时代产品设计的认识，并不会割裂与过去的关系，而是传统工业化时代产品的一种升级（图3-3）；通过互联网、大数据和云计算等新兴技术来设计产品，有利于对产品实施数字化营销策略。产品设计不再只是局限于产品本身，更是包括市场、用户和销售，直到整个企业价值链的方方面面，即对产品的整个生命周期进行重建。

在数字化营销策略指导下，产品不再独立存在，而是通过（移动）互联网、大数据和云计算等与其他数据终端相联系，软件与硬件之间相互连接。

为了给用户更好的体验、满足用户的需求，就要践行以用户为中心的产品设计理念。我们设计出来的产品要能够体现用户在设计环节中的地位及其个性化的需求，体现情感在设计中的主导地位，并让用户参与到设计的各个环节，体验参与产品设计过程的乐趣。

图3-4 天猫精灵

数字营销策略下的产品设计首先针对的是具有相同爱好、特点的群体的需求，在需求调研方法上讲究粉丝效应；其次，在设计方面，生产商在设计初期会组建微信、微博和论坛等交流平台，提升目标消费群体参与度。在销售环节，主要也是通过线上营销方式，降低线下销售的实体运营成本，再通过现代快捷方便的物流系统，将产品直接送达消费者手中，由用户反馈产品使用效果。然后，企业对产品的缺点进行更新、调整和评估，为下一代的产品作设计调研。

数字化营销策略对产品设计的影响：数字化营销方式针对性强，所以产品设计也要注重特定群体的设计需求。产品需求定位明确，设计出来的产品更具人情味，同时也实现了市场资源的优化。产品要获得整个营销过程中最重要的东西——用户的认同。产品最终目的是为用户提供更好的服务，通过各种数据连接达到信息的实时互动，通过数据分析设计出更好的产品。

图3-5 天猫精灵

案例一：天猫精灵营销

天猫精灵推出了"语音红包"，一经推出便在社交媒体掀起讨论热潮，成为新的"抢红包神器"，在微博、微信、抖音等社交媒体上均得到充分曝光。天猫精灵通过这次创新的语音红包营销，让所有用户在享受新科技带来的惊喜之余，更是感受到来自天猫精灵满满的关爱。[65]（图3-4、图3-5）

[65] https://www.sohu.com/a/238579995_487881.

习题：

1. 品牌可以独有而不使用，商标不能独有而且必须使用。（　　）

A. 对　　　　　　　　　　　　B. 错

2. 我国商标法使用规定为____年。

换个角度思考：

_____
_____
_____
_____

三、数字化时代下的包装设计

保护商品与促进销售一直是产品包装的两大基本功能，但是从另一个角度来看，保护商品完好的最终目的也是为了促进销售。因此，在很大程度上无论是针对包装的材质研究还是包装的设计研究，都必须基于促进销售这个目的而展开。[66]

随着互联网时代的到来、数字化社会的快速发展，消费者接收信息的渠道与消费方式都发生了根本性的变化。包装设计作为产品的重要营销手段之一，在数字化营销思维指导下也悄然地发生了变化：包装设计不再是一个独立的设计项目，它是整个营销战略的一环，包装设计方案跟其他营销策略有着紧密的联系。

数字化营销带火了电子网络销售。与传统消费方式相比，网络销售突破了时间、空间的限制，实现了公司与消费者之间的实时双向互动。在传统消费方式下，包装对消费者的购买选择起到至关重要的作用。好的包装能引导人们作出消费决策，但在网络消费如此普及的今天，传统零售店正在逐步萎缩，所以包装设计也要与时俱进，思考在数字营销策略下如何发挥更好的作用。

在传统营销模式下，产品通过精美的包装设计来吸引顾客的眼球，从而影响消费者的决策。在这样的商业模式下，为了吸引消费者，各种包装设计层出不穷：华丽的装饰、高档的材质、繁复的结构层出不穷。但是在数字化消费时代，尤其是在电商模式下，消费者只有在拆开快递包裹的瞬间才能真正接触到包装。在这种情况下，包装的促销功能将被重新审视与思考。

在数字化营销中，包装设计已经不能单纯地从艺术与材料的角度进行构思设计。它更应围绕包装与营销策略的关系、包装与品牌塑造的关系、包装与消费者互动的关系、包装与心理学的关系来开展设计创作。把包装

扫码看视频

[66] https://baike.baidu.com/item/包装功能/12746547.

扫码看课件

图 3-6 可口可乐广告

67 https://mp.weixin.qq.com/mp/profile_ext?action=home&__biz=MjM5MjA5MTA2MQ==&scene=124&#wechat_redirect.

融入营销传播系统当中，让包装在数字化营销过程中成为重要一环，只有这样，它才能在如今的商业环境下迸发出新的生命力。这就要求包装设计师在数字化营销环境下，不但要重视材料与美学的创新，而且更应该考虑包装与营销策略如何配合的问题。（图 3-6、图 3-7）

案例一：可口可乐瓶的设计

可口可乐推出的昵称瓶、歌词瓶、台词瓶包装，几乎无人不知。瓶身印有"文艺青年""白富美""纯爷们""小萝莉"等深入人心的网络热词，使每位消费者都可以在超市中轻而易举地找到专属于自己性格与生活状态的昵称瓶，这不仅让消费者产生高度的认同感，而且还引起了他们对后续营销活动的参与兴趣。

图 3-7 包装设计

从可乐瓶的包装设计可以看出：数字化营销下的包装设计重点是挖掘每个人内心的认同感，建立基于社群的情感联系，触及消费者的内心并让他们主动分享与互动。这当然不单是对瓶身的简单设计，而是将包装设计融入整个营销方案中去，让消费者有更好的体验。[67]

案例二：乐事薯片包装设计

包装的互动化设计是企业营销一体化趋势的一个延伸，通过积极开发包装与消费者之间的互动关系来实现包装价值的最大化。在数字化营销环境下，它将按照营销策划的安排，以更主动的方式与消费者接触。包装的互动化设计主要表现为包装自身的娱乐性开发：以营销策略为指引、以产品包装为载体、以趣味性的活动为主题、以数字化传播技术为支持的包装设计。（图 3-8）

图 3-8 乐事包装

现在的年轻人都喜欢自拍，很多网友喜欢跟各种各样的物品自拍，然后发到网上，只要这些物品外形上是好看的、有趣的，他们都喜欢拿来自拍，使照片更有趣。而这次的乐事新包装结合当下年轻人爱自拍的表现欲望，通过六种不同的卡通猴脸让人们自行切换"表情包"进行搞怪自拍。这种借由时下非常流行的表情包方式，提供了人们有趣并且自带调侃风格的自拍小道具，帮助消费者以一种新奇有趣的方式在社交平台上展现自我。这不仅满足了当下年轻人的表现欲，还能使品牌以产品为载体，通过网友进行传播。（图 3-9）

图 3-9 乐事广告

习题：

1. 产品类别的划分标准有很多，比如，功能、规格、价格等。大多数消费者比较关注的是（　　）。

A. 规格和功能　　　　B. 价格和规格

C. 价格和功能

2. 下列哪一个不属于设计的三个要素？（　　）

A. 可用性　　　　　　B. 美学

C. 实用性　　　　　　D. 交互性

换个角度思考：
_____
_____
_____
_____

四、情感化设计与数字化营销策略

（一）情感化设计的概念

扫码看视频

情感化设计是从情感认知延伸到设计范畴的提法。情感化设计是将设计的情感运用融入产品中，突出产品个性，增强产品亲和力，使产品更容易被消费者接受与使用，让使用者在产品的使用中得到一种情感的体验，产品的情感就是在使用产品和服务的过程中所产生的心理感受。

（二）情感化设计的优点

现代科技的快速发展使人具备了利用、改造、征服自然的强大能力，但是科学技术在带来社会物质财富的同时，也使人类面对一系列的矛盾，甚至灾难，在某种程度上忽视了人类情感需求。人的感性心理需求得到了前所未有的关注，人的需求正向着情感互动层面发展，优秀的情感化设计产品会与使用者在情感上引起共鸣，可提升用户使用产品时的用户体验。

（三）情感化设计的三层次理论

设计的三个组成要素：可用性、美观性和实用性。除此之外，美国认知心理学家唐纳德·A. 诺曼提出了这样一种观点：一件产品能否推广成功，设计中的情感体验要素也许比实用功能要素更为重要，需要我们加以重视。

扫码看课件

他创新性地提出了设计的三个层次：本能、行为、反思。本能层次是最原始的，先于意识和思维，通常指一个产品的外观和触感，即我们通常所说的第一印象，本能层次的设计追求外在的美观与和谐给人知觉上的享受；行为层次则与用户的使用和体验有关，在这里，外观则显得不那么重要了，重要的是在功能上能满足用户的需求，产品的实用性和实践性应该作为设计的重点深入研究，出色的行为层次设计有四大基本要素，即功能性、易理解性、易使用性和易感知性；如果用成语形容反思层次，最好的便是"触景生情"，反思层次存在意识和更高级的感觉、情绪及知觉，用户在这个层次能体会到自己思想和情感的高度融合，反思层次的活动往往决定着一个产品是否在用户脑海中留下了深刻印象。

1. 挑逗本能

外观的美能够提升我们内心的愉悦度，并且增加我们对它出错的包容度，整体来说，它会让我们的体验得到提升。如果一个团队在产品的设计层面很用心打磨，我会潜意识里觉得这是一个用心的团队。一个用心的团队让我觉得在其他方面，比如说技术质量等也不会太差。

2. 本我意识

其实本我意识背后体现的是我们内心需要有一些像存在感、标榜、专享、尊贵一类的情感，比如，VIP、标签、粉丝，其实都是在增加内心的感受。

有时我们使用的某产品的厂商在我们生日的时候发来一张贺卡，我们会觉得特别开心。尽管我们也知道，那都是假的，就是机器记录的一个生日，但依然会非常开心。它就是满足了本我意识的一种心理需要。[68]

3. 社交互动（Facebook 案例）

表情包受到追捧，是因为它能表达出语言、文字难以传达的那些微妙的情感。通过表情包的传递，我们内心的情绪得以宣泄出来。那个家具的抽屉像不像一张脸？觉不觉得它很萌，很可爱？其实这就涉及另一个很有意思的现象：人脑会优先识别组合成脸部的一些符号，这是在进化中遗留下的本能。当我们看到一些很像人脸，或者是这种表情的时候，内心会激发出一些情感。

包括弹幕，你会发现一群人针对同一视频一起吐槽特别欢乐；网友们的脑洞都特别大，有时候很可能视频都没人看了，亮点变成了大家在一块的各种互动，每个人能发表自己的观点、直播自己的心情。原本是一个人看视频，现在是一群人边聊边看，很有意思。

4. 氛围和意境

这个不难理解，有时候不能只是干巴巴地放一个功能在那，我们需要为它创造一些风景。比如说添加一些影像、图片，让本来很枯燥的场景变

---

[68] https://36kr.com/p/5049699.

得有氛围，有意境。这是在运营设计，尤其是 HTML5 页面的设计中最常用的。我们会营造一种氛围，通过图片、动效和声音来和用户对话，就像是设计师创造了一处风景。

习题：

1. 优秀的情感化设计产品会与使用者在情感的高度上引起共鸣，但是并不能提升用户使用产品时的用户体验。（   ）

    A. 对　　　　　　　　B. 错

2. （   ）提出了设计的三个层次：本能、行为、反思。

    A. 冈特·兰堡　　　　　B. 乔纳森·伊

    C. 唐纳德·A.诺曼　　　D. 迪特·拉姆斯

换个角度思考：
_____
_____
_____
_____

第二节　服务设计策略与数字化营销

一、社会的发展变化

扫码看视频

后工业社会是以服务为基础的社会，产品生产经济逐渐转变为服务性经济。这说明以技术为主的传统创新模式正向以用户愿景为主转变，即以产品为中心转向以用户需求为中心。传统的设计类别已经很难通过观察整个服务系统的情境将用户的需求转化成可能的服务特征；而服务科学、服务工程、服务经营、服务营销领域都是以生产力和效率为焦点，以供应商为中心的服务方法，没有真正地落实到用户感性、心理和体验上。

二、服务设计的概念

扫码看课件

服务是形成一个过程并对最终用户有价值的一系列活动。通常来说产品是物质的，而服务更多是非物质的。其实，随着物质文明的日趋完善，人们对于物质产品本身的关注正逐渐减少，对通过与产品交互引发的各种服务有了更多的需求。在服务性经济时代，产品被赋予了新的价值与意义，即只有将服务融入产品中才是一个完整意义上的产品组合。当然，服务设计也是全新的整体性强、多学科交融的综合领域。

三、服务模式的创新

（一）基于大数据的创新设计

图 3-10　大数据

在中国工业化快节奏的发展进程中，产品设计师没有足够的时间和精力用于前端调查研究，使得整个产品设计行业在前端创新和洞察方面相对薄弱，面临着持续创新和保持创造力的瓶颈。赛迪智库权威专家表示，大数据将加速信息技术产品的创新融合发展，对数据快速处理、分析和挖掘将成为创新设计的重要手段。大数据来源于用户，它本身是人性化的，通过数据分析脱去其数字的外衣，以设计的思维从中挖掘出用户的需求、创新点等，然后进行用户参与式的设计创新，将生产出的产品、服务提供给用户。用户有意或无意地将自身的感性数据、使用数据再次流入大数据中，以此循环，不断改进，不断创新。（图 3-10）

（二）移动互联网时代的服务设计

移动互联网时代为服务设计的创新创业降低了门槛，也为创意设计提供了更多的机会。从产品设计层面出发，结合服务设计的方法和思想，总结出"软件与硬件整合 +APP"的创新模式，即以整合者的姿态，整合技术、商业过程、设计方法、设计方案和以用户为中心的工程，以软硬件 +APP 的形式实现技术、用户、设计和商业的融合。

（三）知识网络时代的服务设计

知识经济曾经不是一个严格的经济学概念，知识经济被定义为建立在知识的生产、分配和使用（消费）之上的经济。从体验经济到知识经济，再到转移经济发展的进程中，设计 3.0 体现的是个人的价值需求已经从孤立、固化的产品使用转变为产品与服务的一体化需求和对等的网络参与创新，最终实现有意义的生活。

四、人工智能的服务模式

图 3-11　人工智能

互联网催生了大数据，大数据催生了人工智能；场景数据的积累，促进了人工智能技术的应用，从而形成更高效的解决方案；充分发挥现有技术的能力，通过人工智能赋能的应用场景，智能服务也逐渐融入各行各业。（图 3-11）

案例：Take-Two Interactive 的未来生活服务体验

Take-Two Interactive 是一家美国主要的游戏开发与发行商，同时也是电玩游戏与周边设备的经销商。公司总部位于纽约，而国际总部则位于英国温莎。它们大胆想象，把 AI 和 VR 融入人们生活的方方面面，从早上睁开眼睛的一刻，你就离不开它了。当然这种构想现在还处于概念阶段，但的确是未来生活服务的一大发展方向。

五、AMAZON GO

通过计算机视觉，传感器融合和深度学习等用在自动驾驶汽车中的技术使得免结账购物成为可能。Just Walk Out 技术能够自动检测商品何时从货架上取下或被重新放回，并在虚拟购物车中跟踪货物。当您完成购物就可以离开商店，不久之后，它会向您发送收据并向您的亚马逊账户收费。

习题：

1. 后工业社会是以服务为基础的社会，产品生产经济逐渐转变为（　　）。

A. 服务性经济　　　　B. 知识性经济

C. 创新性经济　　　　D. 智能经济

2. 在服务性经济时代，产品被赋予了新的价值与意义，即只有将服务融入产品中才是一个完整意义上的产品组合。（　　）

A. 对　　　　　　　　B. 错

换个角度思考：
_____
_____
_____
_____

第三节　产品定价策略

扫码看视频

价格是产品营销的灵魂，能不能营销，能不能做得好，都由它来决定。它是影响客户行为的一个杠杆。客户是买你的还是买别人的，他的流向往哪走，很大程度上取决于价格。

举个特殊例子：在病人的身体里，如果找到一个很大的肾结石是非常非常痛苦的，那是一种痛不欲生的感觉，只能做开腹手术把它取出来，没有别的办法。开腹的话最少要住院一个星期,虽然它是个小手术,但还是有一定危险的。后来有一家德国公司发明了肾结石碎石机,它利用一个超声探头,移动的时候就会把肾的图样显示在屏幕上,再挪动位置就能把结石找到,显示出这个结石的大小。你再一按按钮就会发出高频高压低电流来,能量非常高,像炮弹一样把结石打碎变成小碎石,这时候再去吃药,由尿道管把这个碎石排出去就行了。

现在有肾结石的患者就不需要开刀了,在门诊就可以做。从上台到下台,一个病人大概 15 分钟就可以做好,15 分钟打完了,穿上衣服就可以回家。但是,这样一次治疗需要 2 000 美元,2 000 美元相当于住院开刀一礼拜的全部费用,哪怕是这样贵,它也是深受患者欢迎的。钱是没有省,但是不需要开刀不需要住院了,也不用耽误工作。这个作为医院最主要的治疗工具之一,打一个就 2 000 美元,不费事就数钱了,对医院来说是一个非常好的创新医疗工具。机器的价格在 140 万美元左右。在这 140 万美元里,大概成本只占 15%,而利润占 85%,利润是成本的 6 倍。这样的高利润,却没有一个人敢说它价格昂贵,是暴利,为什么?因为这个机器对医院、对患者的价值都非常大,它是用价值来确定的,而不是根据成本来确定的。

一、影响价格的主要因素

价格是围绕着价值在浮动的。影响价格的主要因素有三种:公司的生产成本、客户的心理价位、竞争对手的价格。第一个是公司的生产成本。包括研发、管理和销售成本,会影响价格的确定。第二个因素是客户的心理价位,客户的心理价位主要是根据这个产品给客户带来的应用价值进行评估的。对它应用价值的评估形成了客户心理上的价位,是实用价值还是观赏价值?又或者是虚荣心的表现价值?第三个因素,就是竞争对手的价格。你要是为了竞争的话,还得考虑竞争对手的价格,从而形成竞争优势。

(一)公司的生产成本(BOM 定价)

BOM 即(Bill of Materials)物料清单,BOM 定价指的是基于 BOM 价格的定价方式,BOM 价格是制定产品销售价格的基础,说白了就是产品成本价格。

(二)产品价格 = BOM 价格 *(1 + 毛利考核)

大部分硬件厂商都使用 BOM 定价,因为它们的产品成本和毛利考核指标都相对稳定。对于很多公司来说,计算成本仅仅是为了制定价格。成本计算是定价过程中重要的一步,但这还远远不够。推广产品或服务所需的成本只能告诉你最低售价,但这并不是合适的售价。

二、基于用户定价

最终为产品买单的是用户,在买方市场下,用户对产品的价格有决定性作用。因此,产品经理需要洞察用户对价格的期望水平。此时,需要考虑两个重要的问题:用户价格承受上限和用户价格承受下限。价格敏感度测试(Price Sensitivity Meter,PSM)是研究用户期望价格的重要方法,PSM 是衡量顾客对不同价格的满意及接受程度,了解顾客认为合适的产品价格所做的测试研究,可通过描绘价格趋势图、气泡图、正态分布图等方法,为客户确定产品/服务的合适价格提供重要的参考依据。

三、基于竞品的定价

一款产品是否具有市场竞争力,很大部分取决于它是否能够在众多对手中脱颖而出,其中价格是最突出的特点。以手机为例:一有手机厂商推出新款手机,网络上便会流传类似的对比图。对于厂商来讲,一定会充分对比友商相似定位的产品,再根据对比情况来调整定价。[69]

[69] https://www.jianshu.com/p/2f7e6a48b9ad.

苹果曾在一次教育发布会上,除了发布一款低价的 iPad,也宣布了一些校园优惠措施,例如,使用学校官方开设的 iCloud 账户,每人可获得 200GB 的存储空间。(图 3-12)

如果单纯为丰富 iPad 产品线的诉求来考虑的话,那么苹果这款低价 iPad 产品进一步拉低了 iPad 的入门门槛,甚至在承担以前 iPod touch 所承担的、让低价位消费者实现 iOS 入门的任务。但是,毕竟苹果自称做这个发布会的目的是为了教育而不是促销,所以新品发布会是否能被学校接受才是重点。

图 3-12 苹果 iPad

案例:可口可乐

可口可乐这段有点暖的病毒视频,大胆地将目光锁定为在迪拜务工的普通南亚劳工。通过"瓶盖电话亭"这个创意,为我们展现了迪拜奢靡生活的另一面。片中到迪拜务工的南非劳工们,看起来和我们身边那些进城务工的农民工相差无几。透过这些在迪拜务工的普通人,迪拜成为一座褪去浮华的普通城市。在明快的节奏和暖心的设定下,让人感受到了一份夹杂着辛酸的平凡幸福。虽然以人物为主体,但却不能否定,这一段短片却真正让我们看到了不一样的迪拜,一个更真实的迪拜。关于这座城市,其实我们存在太多误解。

习题：

1. 下列哪项不是价格主要因素？（　　　）

A. 公司的生产成本　　　　B. 客户的心理价位

C. 竞争对手的价格　　　　D. 商品的品相

2. 价格敏感度测试是研究用户喜好的重要方法。（　　　）

A. 对　　　　　　　　　　B. 错

换个角度思考：

_____

_____

_____

_____

第四节　品牌数字化营销战略与案例

一、渠道组合策略之第三方渠道数字化营销战略

数字化营销是在数字技术不断发展的背景下应运而生的一种营销方式。数字化技术使信息传播方式不再局限于传统媒体，出现了许多如电脑、手机等传播更高效的媒介，从而更加及时、关联性更强、更加定制化、更节约成本地与消费者进行沟通，达到推广产品或服务的目的。在互联网经济不断发展的情况下，数字化营销越来越成为一种主要的营销模式，而第三方数字营销就是通过第三方渠道进行广告宣传以达到营销的目的。

苏宁易购作为一家知名的电商平台，以O2O为核心，商品覆盖了传统家电、3C电器、日用百货等品类。随着互联网经济的蓬勃发展，越来越多的电商平台涌出，在品牌竞争中逐渐萌发的是品牌老化、综合型电商理解偏差等问题。为了解决这些问题，苏宁易购力图运用数字营销与年轻消费者站在一起。苏宁易购与昌荣传播、腾讯、米未传媒四方联手，通过电视媒体广告投放，借助《饭局的诱惑》让苏宁易购充分沉浸在以年轻消费者为核心的网络文化中，从品牌及效果双维度出发，促进品牌大升级。苏宁易购通过昌荣传播进行广告投放，筛选出最适合投放的平台。《饭局的诱惑》虽然是明星狼人杀访谈类节目，但它的主旨是"打破日常饭局里的尴尬冷场，让饭局暖一点，再暖一点！"。在节目里，环节与形式以及传达的氛围使得《饭局的诱惑》成为贴近苏宁易购理念传播的一个平台，作为一个热门生活类的综艺节目，节目的轻松有趣使得年轻观众也成为苏宁易购的潜在消费者。《饭局的诱惑》对苏宁易购来说，无疑是一个非常

合适的平台。苏宁易购与《饭局的诱惑》合作，主要有三个目的：

第一，通过《饭局的诱惑》的 IP 权益制造话题点，吸引目标人群，增加苏宁易购的品牌曝光率，为电商平台引流；

第二，利用社交平台充分消费 IP，使苏宁易购贴近年轻人群，与目标年轻用户达成共识，加深年轻消费者对苏宁易购半日达、货物全、保证正品等品牌印记的深刻印象；

第三，借助《饭局的诱惑》扩大苏宁易购优势资源，利用优质内容 IP，建立苏宁易购从内容到流量，再到二次分发的内容电商生态链。[70]

[70] http://www.360doc.com/content/17/0727/18/30523412_674591473.shtm

在节目中，苏宁易购的口播语"本节目由吃吃吃买买买啪啪啪的苏宁易购冠名播出，啪下单，啪发货，啪收货，下载苏宁易购 APP 喜欢什么啪什么"朗朗上口，不断重复之后既魔性又易于传播，极具互联网主流意识形态，使其在节目中起到了非常好的影响。苏宁易购还设置了口令红包的互动模式，用户可登录苏宁易购搜索"吃吃吃""买买买""啪啪啪"领取一个大红包。这样的互动形式，一来为苏宁易购和消费者牵线搭桥，吸引了更多的用户，二来也在加深消费者与苏宁易购的联系，增加用户黏性。

图 3-13　苏宁易购营销广告

此外，栏目还为苏宁易购量身定制片头，同时还运用了其品牌吉祥物小狮子的形象，将节目与广告巧妙融合，让广告变成栏目的一部分，既不影响美观，也不会让消费者产生反感。每一期节目嘉宾在苏宁易购上选购奖品的谜语都成为一个个有趣的话题。观众可以在苏宁易购共同参与，借助 IP 的影响力和流量，在自身平台发起二次营销。大胆的营销为苏宁易购带去了不可磨灭的价值，苏宁易购迅速成为网民喜爱的网购平台，在网络、门店、苏宁广场都吸引了一大批顾客。"双十一"期间更是创造历史最高销售纪录。在这次营销里，苏宁易购从第三方数字渠道进行营销，获得的不仅是一时的销量，更是长久的用户与口碑，以及传达给消费者的品牌价值。（图 3-13、图 3-14）

图 3-14　苏宁易购营销广告

习题：

1.苏宁易购通过数字化营销打破市场格局，促进了品牌大升级。（　　）

A. 对　　　　　　　　　　　B. 错

2.用户对产品的价格有决定性作用，因此产品经理需要洞察用户对价格的____。

换个角度思考：

_____

_____

_____

_____

二、品牌数字化营销战略与案例

扫码看视频

渠道营销组合战略——自有渠道数字化营销战略：指品牌在进行数字营销时通过自身渠道进行创新宣传。自有渠道包括了网站、APP、社交账号等。

在自有渠道数字营销战略中，百雀羚作为一个传统国货品牌，从1931年在上海诞生至今，它的出现意义非凡，被誉为中国第一代护肤品。但随着外资化妆品涌入国内，百雀羚逐渐沉寂，于是百雀羚开始了转型之路。为了吸引年轻人，摆脱"老土"的形象，成功发挥国货、老字号的历史优势，传播百雀羚"自然""草本"的护肤理念，数字营销不可或缺。

百雀羚《1931》广告是百雀羚利用自有渠道进行的数字化营销，利用媒体广告、微博等渠道进行传播，活跃在大众的视野中。2017年百雀羚推出了一支长达427厘米的一镜到底的长图广告《1931》，讲述了国民化妆品的起源，新颖的广告形式，富有创意的内容与效果引起了许多讨论，一度风靡朋友圈、微博等各大社交网站与设计网站。这种别出心裁的广告提供了前所未有的阅读体验，一时间吸引了许多消费者，达到了10万多的阅读量。

图3-15 《1931》广告截图

在碎片化信息和移动广告时代，大量繁杂的信息涌入，如何让消费者多停留几秒钟去观看广告本身、如何让营销达到目的，成为数字化营销需要解决的问题。百雀羚的《1931》毫无疑问为百雀羚吸引了很多关注，于是，其趁热打铁又推出了三生花系列产品的神转折视频广告。这一系列视频广告，搞笑、转折、略带夸张，赚足了大批网友的眼球，在B站、爱奇艺等视频网站以及微信公众号上广泛传播。（图3-15、图3-16）

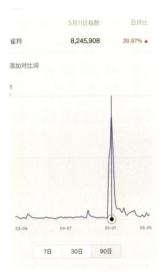
图3-16 广告阅读量

[71] https://www.sohu.com/a/205206366_712171.

在微博上，百雀羚与擅长科普教育的@博物杂志合作，创造出#花YOUNG百出#话题，推出了系列生物科普海报，海报风格清新淡雅，既展示了自然生物的美丽，也体现了百雀羚"自然""草本"的护肤理念，以及"天然好草本"的品牌调性。此次话题得到了很好的传播，获得了极大关注。[71]（图3-17）

传统国货品牌百雀羚已经不再局限于自身品牌形象的展示，而是更多地希望和消费者在情感上有所沟通，提醒消费者去探索与发现未曾关注过的美丽生物。

图3-17 百雀羚与@博物杂志合作话题 #花YOUNG百出#

习题：
1. 百雀羚如何加强年轻化的品牌印象？（　　）
A. 传统生硬的品牌曝光　　　　　　B. 和消费者进行情感沟通
C. 固有营销套路
2. 百雀羚通过自有渠道数字化营销战略实现了品牌升级。（　　）
A. 对　　　　　　　　　　　　　　B. 错

换个角度思考：
_____
_____
_____

扫码看课件

第五节　个性化营销

一、个性化营销之体验

扫码看视频

体验式营销是一种新的营销方式，指的是通过看、听、用、参与的手段，充分刺激和调动消费者的感官、情感、思考、行动、联想等感性因素和理性因素，重新定义和设计思考方式的营销方法。[72] 随着消费市场的改变，以消费者为中心的市场使得市场营销更加注重消费者的体验，即体验营销。这对企业的营销观念产生了深远的影响，并且已经逐渐渗透到市场的每一个角落。

[72] https://baike.baidu.com/item/ 体验营销 /186038.

体验营销带给消费者的不仅仅是体验的内容或者形式，更是在体验之外体现出的品牌对独特个体的尊重。

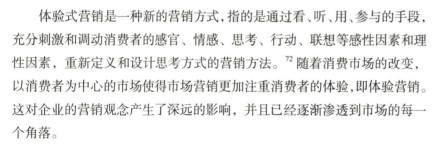
扫码看课件

火锅品牌"海底捞"之所以如此受欢迎，不仅仅是火锅的味道，更多的人可能是冲着热情的服务想去体验一下。细致入微的服务带给消费者的是有温度的体验。这也加深了海底捞与消费者之间的情感联结，为其品牌口碑的传播产生了极大的影响。

另外一个经典的体验营销案例是家居品牌"宜家"。宜家自 1943 年创立至今，已经成为全球最大的家具家居用品商场。宜家之所以取得如此大的成功，主要是它早已将体验营销这一新型营销方式运用得如鱼得水。

提及宜家的体验营销，可以想到一个一个布局温馨、风格各异的样板间，这些样板间与图片或者单单的家具不同，当一件件家具组合成一个场景，宜家为顾客呈现了"理想中的家"，使消费者在情感上受到触动。同时，从进入卖场到出口，琳琅满目的商品可以触碰、体验，在这个过程中顾客可以逐渐地知道自己想要的是什么。在购物的过程中如果累了，还可以在餐厅区域享用一份物美价廉的美食。宜家这种让顾客尽情体验的方法，增进了与消费者之间的互动，在这个过程中，让消费者自己体验到产品的优劣，从而产生对品牌的信任感。（图 3-18、图 3-19）

图 3-18　宜家内景

最后，所有去过宜家的人都知道它的"一元冰激淋"。作为宜家的网红产品，"一元冰激淋"所依靠的原理是"峰终定律"：人们对一件事的

图 3-19　宜家顾客体验

图 3-20　一元冰淇淋

印象一般集中在两个位置，一个是体验过程中最强体验的"峰"，另一个是最后的体验"终"。"一元冰激淋"设置在宜家最后的出口位置，满足了最后"终"的体验，使得在体验过程中一些低落的情绪也被这个"一元冰激淋"给冲淡了，为这次体验画上了甜蜜的句号。（图3-20）

习题：
体验式经济时代的到来促成了下列哪种营销方式的产生？（　　）
A. 数字化营销　　　　　　B. 品牌化营销
C. 体验式营销

换个角度思考：
_____
_____
_____

扫码看视频

73 https://socialbeta.com/t/me-selling-proposition-2012.html.

扫码看课件

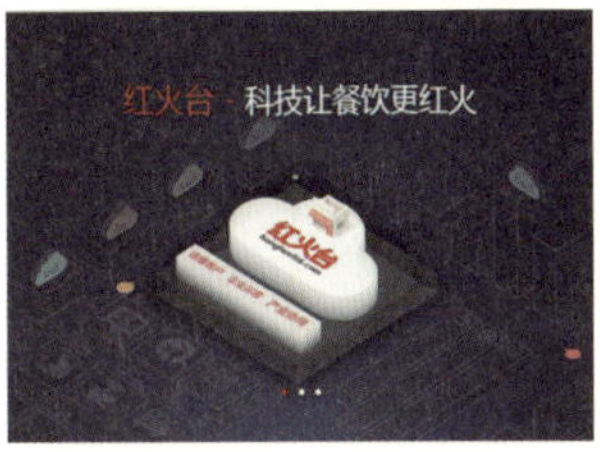

图 3-21　海底捞红火台

二、客户关系管理

Fast Company 指出，我们已经进入"MSP-Me Selling Proposition"的时代了，这一代的消费者要求广告和行销的重点以他们为中心，购买产品的原因除了单纯是为了产品的功能性或是满足他们的情感之外，也可以简单到只是为他们提供"个性化"的产品。[73]

个性化营销是在满足客户基本普遍的需求上，进一步提供不同客人个别的、偶然的、特殊需求的服务，即挖掘客户潜在的需求，为顾客创造超值价值感。

海底捞火锅的成功正是出于其贴心的服务：等位的时候会给你做美甲，过生日的时候会送你礼物，甚至当你一个人去吃火锅时，对面还会放只熊来陪你。正当顾客们沉浸在这些超值服务体验中时，海底捞又往前迈出了一步，开始实行"互联网化3.0计划"。就在马云"智能餐厅"亮相的当天，海底捞和用友共同投资的餐饮云公司"红火台"浮出水面，对外发布了最新的SaaS产品。海底捞以此为契机，计划完成自身IT系统的整合和重建，而智慧餐厅，是海底捞对其IT系统云计算化升级后的最新顶层设计，其中最大的亮点是优化"千人千味"：满足顾客个性化需求，帮助店员进行个性化营销。（图3-21）

个性化营销与客户关系管理紧密相连，是企业利用相应的信息技术以及互联网技术来协调企业与顾客在销售、营销和服务上的交互，从而提升其管理方式，向客户提供创新式、个性化的客户交互和服务，其最终目标是吸引新客户、保留旧客户，以及将已有客户转为忠实客户。基于资源理论，不同企业所拥有的资源千差万别，并且是有限的，因此，单个企业无法满足所有客户的需求，需要审视自己的优劣势，根据客户需求、价值及企业现状来选择客户。（图3-22）

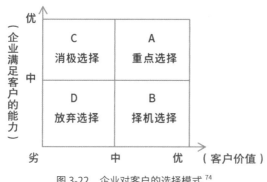

图3-22 企业对客户的选择模式[74]

[74] https://wenku.baidu.com/view/b02ab6e1e109581b6bd97f19227916888486b928.html.

方框A：那些能够为企业带来高价值，企业的资源和能力都能满足其需求的客户，是企业重点选择和维护的客户。

方框B：虽然有些客户有价值，能够为企业带来丰厚的利润，但企业由于受到自身资源、能力的限制难以为其提供所需的产品和服务，这些客户是企业未来在恰当时机选择的客户。

方框C：对于那些企业很容易满足其需求但不能为企业带来高价值的客户，企业有两种选择：一是不对其投入大量的资源，维持目前的状态；二是针对这些客户的需求，开展相应的营销活动，将这些客户转变成能为企业带来高价值的客户。

方框D：对那些企业现有的资源和能力难以满足其需求，同时又不能为企业创造高价值的客户，则不应将其列入企业的客户人群。

企业在将客户区分为不同的群体后，结合客户的特征，可以设计和制订与客户互动的策略以及生产相应的产品和服务。在企业选定的、希望满足其需求的客户群体之中，依然存在需求和价值的差异。企业可以根据客户价值和需求差异大小实施不同的营销模式。（图3-23）

方框A：对于无法为企业带来丰厚的利润，但是又具有个性化需求的客户，企业不应将其作为目标客户群体，需要放弃。

方框B：对于具有相似需求而又无法为企业带来高额回报的客户，企业可以采取大众营销方式。所谓大众营销方式，是指由于该客户群体的需求无差异，因此可以用同一种产品来满足这些客户群体的需求。如可口可乐，一段时间内只生产一种口味的可乐来满足不同人群的需要。

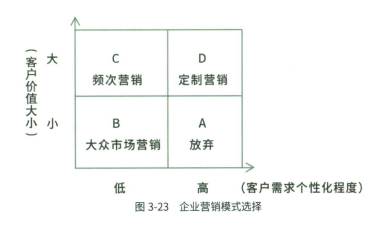

图 3-23　企业营销模式选择

方框 C：对有相似需求又能够为企业带来高价值的客户群体，企业可采取频次营销的方式。所谓频次营销，是指企业采用一定的手段鼓励客户多次购买本企业的产品以提升销量，如会员卡、俱乐部制度。

方框 D：对能够为企业创造高价值但是有不同需求的客户，企业应实行定制营销的方式。所谓定制营销是指企业根据每一个客户的不同需求，单独设计、生产产品并迅捷交货的营销方式。

针对定制营销，要考虑到成本的问题。怎么才能兼顾客户的个性化和成本之间的平衡呢？答案就是规模定制。在 1987 年，Stan Davis 在其开创性著作《完美未来》一书中首次定义规模定制，即在规模基础上交付定制产品。[75]

[75] http://www.doc88.com/p-4955160638460.html.

2013 年的夏天，仿照在澳大利亚的营销模式，可口可乐在中国推出可口可乐昵称瓶，昵称瓶在每瓶可口可乐瓶子上都写着："分享这瓶可口可乐与你的____。"这些昵称有白富美、天然呆、高富帅、邻家女孩、大咔、纯爷们、有为青年、文艺青年、小萝莉，等等。这些昵称瓶迎合了中国的网络文化，广大网民喜闻乐见，于是几乎所有喜欢可口可乐的人都开始去寻找专属于自己的可乐。可口可乐昵称瓶的成功正是借助了规模定制的力量（图 3-24）。新媒体环境下，个性化的需求日益扩大，每个人都希望自己与众不同，充分利用"标准产品＋定制服务"的公式可以得到更多的客户，进而打造品牌独特魅力。

图 3-24　可口可乐"小萝莉"

习题：

1. 对于具有相似需求而又无法为企业带来高额回报的客户，企业可以采取何种营销方式？（　　）

　　A. 频次营销　　　　　　　　B. 定制营销
　　C. 大众市场营销　　　　　　D. 放弃

2. 新媒体环境下，个性化的需求日益扩大，每个人都希望自己与众不同，充分利用"标准产品＋定制服务"的公式可以得到更多的客户，进

而打造品牌独特魅力。（　　）

  A. 对   B. 错

换个角度思考：
_____
_____
_____
_____

第六节　社会化营销战略

一、社交媒体的运用与布局

  社会化媒体营销就是利用社会化网络、在线社区、博客、百科或者其他互联网协作平台与媒体来传播和发布资讯，从而形成营销、销售、公共关系处理和客户关系服务维护及开拓的一种方式。一般社会化媒体营销平台包括论坛、微博、微信、博客、SNS 社区，图片和视频则通过自媒体平台或者组织媒体平台进行发布和传播。（图 3-25）

图 3-25　优质媒体资源

扫码看视频

扫码看课件

  社会化媒体营销时代，有人说"内容为王"，也有人发出"渠道为王"的声音。两者应该如何结合，企业又该何去何从？我们先来看个案例。

  Sharpie 是一家出售永久性画笔（这种画笔可以在物体上画出永不褪色的东西）的公司。通过社会化媒体和其他营销方式，该公司已经把这种新产品成功推入市场，并成功地让 Sharpie 的画笔成为一个日常名词。[76] Sharpie 在 Twitter 上的营销很成功，与此同时，它还完美地结合了博客和 Instagram，甚至形成了自己的社区。我们可以从中学习以下几点：

  （1）背景图片的多样化。现在 Sharpie 的背景是不断变换的，如今，它至少换了三个背景。

  （2）聚焦你的用户。聪明的商家会知道如何满足并驱使那些忠诚用户进行消费。唯一能增进用户忠诚度和留恋度的办法就是关注你的用户的

[76] http://www.alibuybuy.com/posts/72551.html.

创造。Sharpie 就是通过分享用户的作品来达到这个目的的。

（3）专题案例研究。Sharpie 的博客使用了双杀技。首先，它们讲述用户的故事（用户还有什么理由不告诉他们的朋友去网站上看他们的作品呢）。其次，它们用博文激励粉丝的创造性，就像它们的广告语："谁可以成为 Sharpie 的第一？"

（4）建立自己的在线社区。这个策略并不是总能奏效，前提是你的用户要先达到一个规模，在某一时刻你也许会决定将粉丝从社会化媒体带到自建社区。Social Media Examiner 最近利用 Networking Clubs 做了同样的事情。Sharpie 通过艺术竞赛的形式邀请它们的社群用户选出最好的方案。

这里，你会发现 Ins、Twitter、Facebook、YouTube 等各式各样的社会化媒体工具都出现在所列举的案例中，但这些企业推广的成功不是它们发现了这些渠道，而是它们发现了怎么运用这些渠道。

在《寻梦环游记》上映前，迪士尼发布了一个小短片叫作《但丁的午餐》，这个短片让观众们在脑海里产生了墨西哥文化的概念，并且唤起人们对狗狗的喜爱。[77] 除了这个小短片，迪士尼还发布了倒计时视频、"皮克斯之路"系列小故事和由 Ancestry.com 赞助的展示电影制作人发现他们祖先的故事。这么做有没有用呢？这个电影的制作费用约 2 亿美元，最后票房却收获了 7.58 亿美元，短片《但丁的午餐》有 110 万的播放量和 5 100 次分享，并在 Facebook 上获得了 9 700 个赞。品牌策划也一样，不要只关注一个节点，可以让预告片连续播放几个星期甚至几个月，人们总是会在看电影的时候和自己的情感相关联，从合作伙伴、短片到社交视频，迪士尼一直保持着自己的品牌形象，并将这个与过去祖先有关的电影变得有趣和富有包容性。（图 3-26）

图 3-26 《寻梦环游记》电影海报

获得无数好评的《爸爸去哪儿》也让英菲尼迪和"999"感冒灵等广告的植入带入了一些无心插柳的节奏。[78] 这档明星亲子真人秀节目横空出世之后的火爆程度，就连芒果台也未曾预料到。在开播前，这档节目几乎很少有人知晓，但开播之后，这档节目在社交媒体上的讨论量直线上升，许多观看过这档节目的观众在各个社交平台上都给予好评，影响了周围更多的人主动去搜索观看，加上林志颖、田亮、张亮等明星在社交媒体上的互动更是带动了一群粉丝进行讨论，算得上是口碑传播最典型的案例。《爸爸去哪儿》的成功证明了在这个社会化媒体时代，"内容为王"这一说法并没有过时，好内容带动的口碑传播依然是最好的营销。

社交媒体绝不仅仅是线上的传播，还需要整合线下的资源，品牌在社交媒体上传播，网友在线下参与购买产品，然后再到社交媒体上讨论，这一连贯过程使得品牌实现了立体式传播。在品牌传播中，社交媒体不只是 Campaign 的配合者，也可以成为 Campaign 的核心。

[77] http://sh.qihoo.com/pc/9de11cb71db42a85b?sign=360_e39369d1.

[78] http://www.sohu.com/a/37358226_266496.

习题：

1.《爸爸去哪儿》的成功证明了在这个社会化媒体时代，以下哪一选项并没有过时？（ ）

　　A. 渠道为王　　　　B. 广告为王

　　C. 内容为王

2. 社交媒体绝不仅仅表现为线上的传播，而且需要整合线下的资源，品牌在社交媒体上传播，网友在线下参与购买产品，然后再到社交媒体上讨论，这一连贯过程使得品牌实现了平面式传播。（　　）

　　A. 对　　　　　　　B. 错

换个角度思考：

_____

_____

_____

_____

二、微博营销

随着移动互联网的发展，中国的社交网络开始呈现多元化、复杂化的特点，在不到5年的时间内，除微博、微信，还相继诞生了陌陌、知乎、秒拍、抖音等社交属性的应用，它们共同构成了移动互联网时代社交媒体的新生态。社交媒体的不断发展使得社会化营销逐渐走向全社交平台营销。

2018年，中国社交媒体生态依然在不断演进，消费者可能对某一两款应用依赖性更大，但更多的可能是他们在不同的时间段使用不同的应用，如今一个使用社交媒体的人典型的一天可能是这样的。

作为"双微营销"之一的微博营销是社会化媒体营销的一大代表。微博营销是指通过微博平台，为商家、个人等创造价值而执行的一种营销方式，也是指商家或个人通过微博平台发现并满足用户的各类需求的商业行为方式。微博营销以微博作为营销平台，每一个听众都是潜在的营销对象，企业通过更新自己的微博向网友传播企业信息、产品信息，树立良好的企业形象和产品形象。每天更新内容就可以跟大家交流互动，或者通过发布大家感兴趣的话题来达到营销的目的，这样的方式就是互联网新推出的微博营销。通常微博营销有三种主流的营销渠道。

（一）个人微博营销

很多个人微博营销是由个人本身的知名度来得到别人的关注和了解

的，明星、成功商人或者是社会中比较成功的人士，他们使用微博往往是希望通过这样一个媒介来让自己的粉丝更进一步地了解自己和喜欢自己，微博在他们手中也就是用来平时抒发感情，功利性并不是很明显，他们的宣传工作一般是由粉丝们跟踪转帖来达到营销效果的。

知道 2016 年中国第一网红是谁吗？papi 酱。知道她的视频有多火吗？据微博平台统计，papi 酱的视频总播放量超过 2.9 亿次，每集平均播放量 753 万次。[79] 其中，点击最高的一集视频《有些人一谈恋爱就招人讨厌》，全网播放量达 2 093 万次。这还只是 papi 酱个人账号的数据，不包括其他账号转发的情况。papi 酱为何爆红？我们从品牌的角度来进行解析。[80]

1. 找准方向，顺势而为

这是个网络时代，这也是个人人都是主角的时代。papi 酱首先就是借助网络的力量通过现代人易于接受的吐槽方式，通过夸张和搞笑的手法把一些人们经常遇到的奇葩事和一些时事热点讲出来，让观众在娱乐自己的同时，也会做一些深入的思考。做品牌又何尝不是这样呢？品牌是什么，品牌就是一种价值符号，能带给人一种价值印象。那么怎么让大家记住这个符号呢？首先你要了解当下人们的审美习惯、思维习惯，适合受众的就是最好的，所谓喜闻乐见便是如此了。企业塑造品牌就是想通过这个符号给人们传递一种情怀、一种诉求，好似一根纽带，将顾客与企业紧密相连。也正如智诚灵动一直说的"经营企业就是经营人"。

2. 精准定位，锁定目标

既然是网络红人，那她的受众就会有一定的针对性。"80 后""90 后"，现在已成为社会人群的主流，手机人人有，微博时时刷。网红当道，一波接一波，不管有多少波他们都清楚地认识到了这一点——从社交媒体下手。

每一个品牌都有自己的主流消费群体，也就是他们的最终购买者。只有精准定位，才能对症下药，找到这类人的共性和习性，才能做出令他们满意的品牌。正如"达芙妮"的品牌定位是大众女鞋，那它的消费群体就是一些收入不是很高但又追求时尚的女性，较平民化的价格满足了她们的消费水平，时尚的外形满足了她们的精神追求。

3. 自我营销，展示产品

papi 酱为什么走红，关键是其发布的作品，作品好不好观众说了算，高转发率和高点击率已经说明了一切。一直关注 papi 酱的朋友应该可以看出来，papi 酱之前也是经过了很多次尝试，慢慢地才找到适合自己的剧本和风格。

[79] https://www.admin5.com/article/20160325/653699.shtml.

[80] http://www.sohu.com/a/72062470_412457.

4.互动营销，和顾客做朋友

得粉丝者，得市场。不管是明星还是网红，他们的成败全取决于粉丝，可以说粉丝就是他们的衣食父母。网红的大部分精力与时间都用在与粉丝的沟通和互动上，如何获取粉丝与被粉丝关注是网红的必修课。小米就是利用它强大的粉丝文化，助力了它的成功。产品还没发布，"小米"两个字就已被广泛传播，形成了自己的一套"粉丝文化"。在产品发布后，米粉们自然就成了小米手机最忠实的拥护者和购买者。（图3-27）

图3-27　小米：为发烧而生

（二）企业微博营销

企业一般是以盈利为目的的，它们运用微博往往是想通过微博来增加自己的知名度，最后达到能够将自己的产品卖出去的效果。企业微博营销往往要难上许多，因为知名度有限，短短的微博不能给消费者一个直观的途径来理解商品，而且微博更新速度快，信息量大，因此，企业微博营销时，应当建立起自己固定的消费群体，与粉丝多交流、多互动，多做企业宣传工作。

大品牌的调侃互动在微博上已是屡见不鲜，然而就在宝马97周年这天，发生在宝马和可口可乐这两个经典品牌之间的互动，却让人们看到品牌之间互动的另一种可能性。

早晨：宝马在官微上发出庆祝其品牌97岁的创意海报，引来大家的祝福。

下午：可口可乐官方微博发出生日祝福海报。

晚上：宝马官方微博发出回应，以"乐＝悦"为主题，点出两大品牌的共同愿景，以快速的回应和上乘的创意作品，完成了一次经典品牌间的完美对话。[81]（图3-28）

[81] http://www.docin.com/p-643055108.html.

此番堪称经典的微博"调情"并非事先策划。在可口可乐送出微博祝福之后，宝马携手它的创意代理公司Interone北京（北京天一国际广告有限公司）迅速行动，以快速和高质量的创意作品给出了有力的答复。其实，品牌对于突发营销事件的态度也影响着消费者对于品牌的看法，而在此次营销中，宝马从容、开放的气度展露无遗。同时，也有众多网友评论，这样的作品生动地传递出宝马"为悦全力以赴"的品牌定位，并希望看到更多如此精彩的互动。（图3-29）

图3-28　宝马1997广告

（三）行业资讯微博营销

以发布行业资讯为主要内容的微博，往往可以吸引众多用户关注，类似于通过电子邮件订阅的电子刊物或者RSS订阅等，微博内容成为营销的载体，订阅用户数量决定了行业资讯微博的网络营销价值。因此，运营行业资讯微博与运营一个行业资讯网站在很多方面是很类似的，需要在内

图3-29　BMW s thanks post

容策划及传播方面下很大功夫。

微博的本质是一对多的信息实时传播工具,利用其进行的营销也应基于此认识之上,并遵循营销的一般规律,它只是一个媒介通路,就跟专门的电视营销、报纸营销一样,微博应该成为企业整个社会化营销中的一环,它应跟企业的传统营销融合在一起,而不是单独的东西。

习题:

1. 每一个品牌都有自己的主流消费群体,也就是它们的最终购买者。哪一选项才能对症下药,找到这类人的共性和习性,做出令他们满意的品牌?(　　)

　　A. 找准方向,顺势而为　　B. 精准定位,锁定目标
　　C. 自我营销,展示产品

2. 品牌是一种价值符号,能带给人一种价值印象。(　　)

　　A. 对　　　　　　B. 错

换个角度思考:
_____
_____
_____
_____

三、微信营销

我们每天都在运用社交软件,包括 QQ、微信、Facebook 等,其中在中国,微信是最受欢迎的社交软件,如今月活跃用户已经突破了 10 亿。

微信是腾讯公司在 2011 年 1 月推出的、支持多平台、旨在促进人际沟通与交流的移动免费即时通信软件,诞生之后,在短短两年内便得到快速发展,直到今天,在中国,但凡是拥有手机的人,几乎都会成为一名微信用户。此外,随着微信拥有扫一扫功能后,无论是添加好友还是扫码付款,都在不断地便捷人们的生活并改变着人们的生活方式。

在这样一个用户如此多,市场前景如此广阔的中国市场下,自然而然地就诞生了一种新的营销模式——微信营销。

(一)微信营销的定义

微信营销基于微信这个平台,是通过这个平台来向使用微信的人推广企业产品以及公司品牌的一种当代营销方式。

（二）微信营销的特点

1. 用户年轻化

"90后"和"00后"是直接享受网络时代带来便利的年轻一代，而他们的接受能力也是最好的，微信营销注重于与年轻一代交流，推广自己产品。

2. 点对点精准推送

微信拥有非常多的客户，而且现在智能手机非常常见，所以商家可以把产品信息直接送到客户手中，也就是点对点的精准推送。

3. 高效性

如今智能手机便捷，网络发达，用户可以在任何地方收到企业的推广消息，非常便利。

4. 高互动性

微信作为中国最受欢迎的社交软件，无论是聊天、公众号、朋友圈，用户都可以直接与企业进行沟通互动，同时还可以获取更加真实的客户群，不像微博粉丝有很多数量是虚假的。所以，通过微信来营销无疑会带来更真实、更有价值的利益。

（三）微信营销的渠道

1. LBS 与附近的人

LBS（Location Based Service）是基于位置的服务，通过LBS，企业可以查找附近的人，给附近的人发送消息，挖掘潜在客户。关于LBS，将在下一个知识点详细介绍。在查找附近的人时，除了昵称之外，还会显示个性签名、头像甚至朋友圈信息，在对其有一定基本了解的情况下，使用者可以更精准和更好地去沟通和推销产品。在节假日的时候，企业或者营销人员可以通过查找附近的人发送优惠活动信息，吸引附近的人参与活动，从而扩大营销网络。[82] 此外，附近的人也可以看到企业，所以在附近的人这个圈子中，企业相当于给自己树立了一个免费的广告位，在人流量最多的地方，保持开启微信为企业宣传，企业完全可以通过这种方式完成企业前期的宣传。

2. O2O 与二维码扫描渠道

O2O 指的是将线下交易与互联网结合在一起的新的商务模式。自微信推出二维码功能之后，微信用户可以通过扫描二维码来添加微信好友以及关注企业公众号。

[82] https://baike.baidu.com/item/LBS/1742?fr=aladdin.

通过结合O2O和二维码功能，营销人员可以通过推广二维码完成线上的交流、推广、出单等流程，在线下提供商品和服务，并且利用一系列活动方式不断推广二维码，增加客户群体，利用打折或减免价格等促销方式增加线下客流量，提升企业形象。

3. 微信公众平台

微信公众平台是众多企业选择最多的一种微信营销方式，微信公众号分为订阅号、服务号以及企业号。

订阅号：主要功能是为用户传达资讯，每天只可以群发一次消息。订阅号的消息存放在一个消息中，打开即可看到所有订阅消息。

服务号：主要偏于服务交互（类似银行、114，提供服务查询），认证前后都是每个月可群发4条消息。而且服务号推送消息与好友发信息一样，直接出现在微信栏里面，粉丝用户可以第一时间收到推送。

企业号：主要用于公司内部通信使用，需要先验证身份才可以成功关注企业号。

用户通过关注微信公众号来获取企业的消息推送，这些用户具有黏性高、忠诚度高、数量增长快等特点。微信公众号没有粉丝上限，比起微信好友和QQ好友，这无疑提供了一个无止境的增长空间，拥有更多的粉丝数量，也就拥有了更大的利润空间。

4. 朋友圈

你有没有发现，你在刷朋友圈的时候总会有一些打广告的人存在，并且，每个人随时都有可能会成为那个"微商"。

朋友圈营销又被称为个人号、微商，是近年来基于微信平台新兴的一种营销方式，与公众号最大的区别在于，朋友圈营销依靠的是一种基于熟人社交圈的营销方式。

它具有以下几个优点：

（1）低成本。微信是免费的软件，而发布朋友圈也是免费的，所以在微信朋友圈这个虚拟闭合的环境下，商家可以发送多张图片和大幅文字信息，并且，随着观看朋友圈的人的满意度增加，潜在着消费、转发、收藏等效应，形成口碑的提升，大大降低了商家的营销成本。

（2）便捷性。在网络发达和智能手机普及的时代，商家可以随时随地地发送朋友圈和浏览朋友圈信息。

（3）百分百到达率。朋友圈的发送在网络顺畅的情况下只需要数秒，而接下来的几分钟、几小时、几天内，只要你的朋友没有屏蔽你，你的社交圈的人都会在朋友圈看到你发送的内容，对于商家来说，他的广告一定会呈现在你的朋友面前。

（4）半私密性的互动。朋友圈的互动消息只有在三者同时为好友的情况下才能看见，这就保证了商家对客源的独占性和信息的独占性，避免了负面信息产生的干扰。

但是，朋友圈消息也存在着虚假、泛滥等问题，造成了举报、屏蔽、拉黑等负面效应，不但失去了商机，甚至会失去朋友，所以朋友圈营销还需要商家个人树立并不断完善体验营销意识。

习题：

1. 微信营销简单来说就是一种营销模式，主要通过微信的方式来宣传自己的产品，进行（　　　）。

　　A. 抽奖活动　　　　　　B. 推广活动　　　　　　C. 营销活动

2. 微信营销的特点包含（　　　）。（多选）

　　A. 用户年轻化　　　　　B. 点对点精准营销

　　C. 高效性　　　　　　　D. 高互动性

3. 微信营销的渠道都有哪些？（　　　）（多选）

　　A. LBS 与附近的人　　　B. O2O 与二维码扫描渠道

　　C. 微信公众平台　　　　D. 朋友圈

4. Online to Offline 指的是将（　　　）与互联网结合在一起的新的商务模式。

　　A. 线下交易　　　　　　B. 线上交易　　　　　　C. 实体店交易

换个角度思考：

_____

_____

_____

_____

四、LBS 场景营销之位置签到

扫码看视频

LBS（Location Based Service），即基于地理位置的服务。最早起源于美国的 911 紧急呼叫服务，以及以军事应用为目的而部署的 GPS 全球定位系统，是一种利用网络通信技术、空间定位技术，使用移动通信运营商的 GSM、CDMA 等网络或 GPS 等定位方式，通过地理信息系统 GIS 平台等获取用户移动终端的地理位置信息，并通过电子地图等的呈现，为用户提供与其即时位置相关的移动信息服务。

从 2010 年开始，LBS 开始受到广泛关注，在中国，美团、大众点评、

扫码看课件

以及近年来探探、陌陌等社交软件也都是基于位置来提供服务的。移动互联网时代，用户位置不断变化，掌握用户位置信息对营销来说具有巨大的价值，LBS 成为移动互联网的标配，蕴藏着巨大的商业价值。

场景营销是指基于对用户数据的分析，预测、感知用户在特定场景下的需求，实时定向地为用户推送信息，在互动沟通中满足用户需求和树立品牌形象的营销行为。场景营销具有定制化、连接化、多样化、随心化以及即时化的优点，其中包括时间、空间、社群、内容和情绪五个要素。通过分析这些要素，了解客户信息和需求，精准地向客户提供信息。场景营销极大地提高了传播的有效性、客户接受的针对性以及客户群体的多样性。

LBS 场景营销首先通过线下设备（通信运营商、Wi-Fi 设施和传感器）和线上途径（智能移动端）来获取消费者多维度的数据信息，对其进行精准立体画像。在此基础上，基于位置信息，智能预测消费者的当下需求或者潜在需求，为消费者提供私人定制化的信息或服务。

（一）位置签到

最近一两年，朋友间流行着"签到""定位"来记录自己的生活，比如，旅行、聚餐、归乡，等等。许多产品都是基于地理信息签到来提供服务的。我们日常生活中的智能手机地理信息签到服务产品，广义上指所有具有签到功能的智能手机地理信息产品，如美团、大众点评等也属于签到产品的一种；狭义上指智能手机上类似 foursquare 的应用产品，签到是它的基本功能，通过用户在不同地理位置签到来提供相关附加服务。（图 3-30）

图 3-30　foursquare 应用产品

以下是几个地理信息的服务类型：

1. 地理信息签到服务

地理信息签到服务以用户签到为基础，整合线上线下资源，发布好友签到及附近位置信息，打造基于真实位置信息的社交平台，为用户提供交流互动服务。

典型的应用有 foursquare，用户可以向好友分享自己当前所在的地理位置信息，利用 foursquare 服务，可在任意一家饭店、好友家庭居住地或商场等地点签到。完成签到后，foursquare 会根据用户签到时所处的位置，发送该地点附近的其他信息，并通过 Twitter、Facebook 等流行社交网络平台把自己的位置发布出去。

2. 地理信息游戏服务

地理信息游戏服务是提供基于真实地理位置信息的游戏服务。一般用户可以实时签到来赚取游戏中的道具、经验等服务，以及其他的一些收入。

典型的应用就是 Pokemon Go，用户会在游戏里面扮演成一个训练师，通过游戏与现实世界互通，训练师在游戏的位置变化与在现实当中的位置变化是相通的。[83]（图3-31）

[83] https://v.qq.com/x/page/c0313oei3w1.html?spm=a2h0k.11417342.soresults.dtitle.

图 3-31　Pokemon Go

3. 地理信息资讯服务

地理信息资讯服务主流模式是以用户签到为基础，向其提供周边生活信息，将位置服务与用户外出消费以及生活休闲紧密结合。通过签到获取商家信息是地理信息资讯服务的主流商业模式。

典型的应用有美团、大众点评、Google Place 等，包括生活服务、休闲娱乐、活动优惠、购物等城市消费领域，用户可以很快地在附近找到餐馆、酒吧、KTV、电影院等场所。

（二）营销内容

运用手机签到只是外在表现，而商家为用户提供多种基于签到的增值服务才是最终目的。

1. 位置信息服务

位置信息服务（图3-32）包括两类：一类是用户签到，记录用户所在位置，服务器基于地理位置向用户实时推送周边信息，比如，在美团中每到一个新的城市，系统将会提示你改变所在城市，即改变定位，从而推送所在地的信息；另一类是用户通过搜索来获取周边与地理位置相关的信息，比如，饭店、商店等，同时也提供点评平台，可以让用户自由发表评论或感想，用户也可以参考他人评论或签到次数来获取和此处相关的各种信息，并最终决定是否光顾此处。

图 3-32　位置信息服务

2. 商业优惠服务

商业优惠服务是商家通过地理信息签到服务产品将自己的优惠信息推送给用户，为用户提供一些优惠服务。主要表现有：商家定期为签到用户提供商家打折优惠信息；当用户在当地的签约商家签到达到一定数量后，商家将对所有签到的用户提供一定的折扣或优惠等。

大众点评的许多店铺都在采用一种"晒出这里的美食，即可享受免单优惠"的促销方式，即让用户在所在位置发布微博、朋友圈，完成广告效应，然后享受到商家的优惠，这是一种互利共赢的交易，并且随着用户好评的增加，商家会不断积累信誉，从而增加客流量。（图3-33）

3. 社交网络服务（图3-34）

位置签到不仅仅是一种打卡行为，更是一种社交。通过拍摄照片，分

图 3-33　商业优惠服务　　　　图 3-34　社交网络服务

享心情以及定位功能，用户在社交平台上晒出自己的近况，与好友实时沟通，与周边志趣相同的人成为好友。创新的服务模式给用户提供了不同以往的社交体验，并很好地整合了线上和线下资源，使人们的社交不仅仅局限于网络或真实世界，而是形成网上和真实世界结合的社交模式。[84]

[84] https://v.youku.com/v_show/id_XODY5MTM4ODg0.html?spm=a2hok.11417342.soresults.dtitle.

习题：

1. 场景营销是指基于对（　　）的分析，预测、感知用户在特定场景下的需求，实时定向地为用户推送信息，在互动沟通中满足用户需求和树立品牌形象的营销行为。

　　A. 用户行为　　　　　　B. 用户需求　　　　　　C. 用户数据

2. 场景营销具有（　　）以及即时化的优点（多选）

　　A. 定制化　　　　　　　B. 连接化

　　C. 多样化　　　　　　　D. 随心化

3. LBS 场景营销首先通过线下设备和线上途径来获取消费者多维度的数据信息，对其进行（　　）。

　　A. 精准用户定位　　　　B. 精准需求分析

　　C. 精准行为分析　　　　D. 精准立体画像

4. 用户可以向好友分享自己当前所在的地理位置信息，例如，可在任意一家饭店、好友家庭居住地或商场等地点签到，这种功能在服务类型中叫作（　　）。

　　A. 地理信息定位服务　　B. 地理信息签到服务

　　C. 地理信息打卡服务

5.（　　）提供基于真实地理位置信息的游戏服务，鼓励用户实时或虚拟签到来赚取游戏经验及虚拟道具，提升游戏经验值和用户等级。

　　A. 地理信息游戏服务　　B. 地理信息签到服务

　　C. 地理信息定位服务

换个角度思考：

_____
_____
_____
_____

五、LBS 场景营销之即时推送

中国拥有巨大的移动智能终端用户基础，移动智能终端的发展很大程度上依赖于 APP 的发展。

在如今消费者时间碎片化的发展趋势下，以前传统的宣传营销方式很难得到消费者的关注，消费者时间碎片化更能体现移动智能终端的集聚注意力功能，可大大提高营销传播的效率。

用户有两种途径可以在智能终端上与 APP 进行交互：第一种是主动去用 APP；第二种是 APP 推送消息。

（一）APP 消息推送之优缺点

优点：
（1）提高活跃度和用户黏性；
（2）提高用户留存率；
（3）提升产品功能，提高营销活动的用户参与度。

缺点：
（1）形成骚扰，卸载率会提高。试问一天内发十条消息推送，就像是无休止巴结老板的人，那么迟早会被卸载的。
（2）信任度降低。用户期待看到的是打动他的消息，如果多条推送都不能引起他的兴趣，那么他对这个 APP 的感觉就会变差，逐渐不再信任这个 APP 带给他的体验。

（二）APP 消息推送之分类

主要分为 IM 类（即时通信，例如，微信消息、钉钉、QQ、263，等等）和非 IM 类，即各位平时看到的各种 APP 推送信息。

（1）IM 类推送：除了是一种运营的方法和手段外，更是实现通信功能的必要条件。比如，有人发送一条微信消息，而你既没有设置推送，又没有听到声音，则将会导致无法及时回复等情况。

（2）非 IM 类推送：主要分为新闻资讯类、活动推送类、产品推荐类、系统功能类这四大类。

在移动互联网时代，要真正打动消费者，最好的方法莫过于即时互动，即在一个贴近消费者的实际消费场景中，让他们在轻松自然中被触发打动，随心地接受商家推送的信息。所以说，最好的市场行为都是在消费者最需要时准确出现的。

因此，根据位置信息即时推送消息，产生的效果比任一时刻推送都要高，能够直接影响到消费者的情绪、心态，从而促成交易。

（三）基于位置消息推送的技术

图 3-35　LBS 即时推送：iBeacon

[85] https://baike.baidu.com/item/iBeacon/13826305?fr=aladdin.

基于位置场景营销消息推送的实现主要依赖于 LBS（基于位置服务）技术，其中新兴的 iBeacon 尤为突出，可以说是 LDS 技术的一大突破。（图 3-35）

iBeacon 是苹果公司在 2013 年 9 月发布的移动设备上配置的新功能。iBeacon 技术通过在购物中心等室内场所铺设的 iBeacon 蓝牙硬件基站设备，形成许多小型网络。每当使用者携带支持 iBeacon 的移动设备接近某个基站的时候，该设备就会接收到 iBeacon 信号，立刻能得到跟该地有关的推送信息。iBeacon 最高的精度可以精确到 1 米以内。[85]

英国伦敦一家名为"The Bar Kick"的小酒吧就利用这一技术提高了消费者体验，所有进入该酒吧的顾客都可以免费在手机内的报刊应用中看到两期最新版的流行杂志。

（四）iBeacon 的运用

1. 小程序 +iBeacon

利用小程序来查找车辆位置，结合 iBeacon 技术，可以轻松、精确地寻找车辆位置，并且省去了下载 APP 的步骤。除了寻找车辆以外，还可以在图书馆精确找到书籍所在位置，在大型商场中找到店家位置，等等。

2. 微信摇一摇 +iBeacon

当 iBeacon 应用于微信摇一摇后，微信摇一摇还会出现"周边"。比如，一位用户走进一家餐厅，打开摇一摇周边，就能接收到商家的各种优惠信息或者红包，或者是在屏幕上显示出该商户的微信公众号，点击进入该页面后可以看到具体打折等信息，当然也可能实现支付、评价等环节。（图 3-36）

除了 iBeacon 技术以外，谷歌也推出了一款名为 Eddystone 的技术，主要为公共场合向人们发送各种信息。利用蓝牙 LE（Low Energy）技术，点对点通信。商家利用这些技术，更好地掌握用户位置，即时推送消息，

图 3-36 摇一摇周边

进而取得更大的效益。

习题：

1.（　　）是指搭载操作系统，可根据用户需求定制化功能有接入互联网能力的电子设备，如智能手机、平板电脑、可穿戴设备等。

A. 移动智能设备　　B. 移动智能终端　　C. 人工智能

2. Push 指运营人员通过自己的产品或第三方工具对用户移动设备进行的（　　）

A. 主动消息推送　　B. 自动信息推送　　C. 定期信息推送

3. 非 IM 类信息推送主要分为哪些种类？（　　）（多选）

A. 新闻资讯类　　B. 活动推送类

C. 产品推荐类　　D. 系统功能类

换个角度思考：

_____

_____

_____

六、LBS 场景营销之四维空间

扫码看视频

什么是四维空间？

要理解四维空间，首先要知道什么是维度。

"维度"是数学中独立参数的数目。零维是点，没有长度、宽度及高度；一维是由无数的点组成的一条线，只有长度，没有其中的宽度、高度；二维是由无数的线组成的面，有长度、宽度没有高度；三维是由无数的面组成的体，有长度、宽度、高度。[86]

[86] http://baike.baidu.com/item/ 维度/2399095?fr=aladdin.

图3-37 三维空间立体图

我们生活的空间就是三维空间。（图3-37）

那么什么是四维空间？我们通常将第四维度理解为时间维（虽然科学上存在着很多争议，但是在营销中我们暂且将时间作为第四维度，以便于讲解主要内容）。

三维空间是我们可以利用xyz三轴进行理解的，在基于三维空间的基础上，加入时间的概念，当三维世界以时间为基准发生变化时，四维空间就产生了。如果把时间看作一根轴线，则这个轴线上的任意一个点，都是一个三维空间，也就是说，无数个三维空间依据时间轴线集合，构成了四维空间。四维空间是我们无法想象的。

四维空间又可以理解为四维时空，时空包括空间和时间。

那么在LBS营销中，我们要如何利用这两个概念去营销呢？

场景营销在特定场景下实时定向地为用户推送信息，在互动沟通中满足用户需求和树立品牌形象的营销行为本身就具备了空间的概念，在特定的地理位置、地理空间中，商家与用户发生营销关系。

那么，加入时间这个维度之后，形成一种四维空间将引起怎样的反应？

（一）无限性

时间是一直不停地在往前走的，而营销要将时间利用到极致，那么新零售就成为了代表。

新零售作为近年来互联网时代的一种全新发展模式，是目前区别于传统零售的一种新型零售业态的概念表达。所谓"新零售"，就是应用互联网的先进思想和技术，对传统零售方式加以改良和创新，用最新的理念和思维作为指导，将货物和服务出售给消费者的所有活动。

假设出现一家可以由顾客自主虚拟试衣、自主支付，随后店铺智能出货的店铺，那么店铺可以24小时无人值守，这样，在科技和互联网的环境下，便形成了一种超越时间概念的销售模式。

美国Memomi公司于2015年推出的智能虚拟穿衣镜已经可以为用户提供个性化定制服务，提升用户实际购物体验。顾客不用在商场里频繁进出试衣间，只需站在镜子前"点击"看中的衣服，就可看到自己想要试穿的衣服穿在自己身上的模样和效果，还可在镜子前随意更换衣服。（图3-38）

图3-38 Memomi女士试衣

（二）动态性

动态性最具代表的就是餐饮业，一日三餐，加上点心下午茶和夜宵，人可以一天都坐在餐馆里面。餐馆提供的不仅仅是食物，更多的还有给人一种体验感。肯德基早餐有油条、粥、豆浆、面包、烧饼，午餐有汉堡、薯条、鸡翅、鸡腿、土豆泥，晚餐与午餐相似，闲暇之余有蛋筒、圣代、咖啡、蛋挞，并且24小时服务。在不同的时间节点，用户手机可以接收到不同的餐点消息，当顾客置身于店铺时，亦可以感受到这种动态的变化。

在一天之内，一个人路过同一家店铺，推送的消息也将发生改变。早晨，他将收到早餐的消息，中午将会收到午餐的菜单，下午配上咖啡和书籍，晚上是丰盛的正餐，夜晚也许是一份水果，在这样一个位置情境下，可享受到不同时态下的不同消息推送。

（三）智能性

时间是不断前进的，也就是去向未来的。作为科技引领人类的时代，时间概念在智能的体现下表现得尤为突出，让人感觉身处未来，也是一种四维空间的理念。

VR技术：欧派衣柜推出了一种VRHome体验屋（图3-39），让消费者在家装时像买衣服一样，实现先试后买。戴上VR眼镜后，用户就看到眼镜中展示的是720°环视无死角的全屋装修设计，随着头部和眼睛的转动，就仿佛自己置身于真实房间一样，可以逼真地看清各个房间的整体布局和家具摆设，甚至是房间的角落，这种用户体验远远超过传统家装的平面出图。

图3-39 欧派家居VR体验厅

无人收银：亚马逊Amazon Go（图3-40），是一个面积大约1800平方英尺（约合167平方米）的小型超市。入口处是一排类似地铁检票闸机的机器，在店里，除了后厨中准备食品的员工外，只有两名工作人员：一名在入口处迎接顾客，一名在啤酒和葡萄酒等区域检查ID。下载了Amazon应用的顾客，只需在店门口扫码进入，即可在选购物品后直接离开商店。离店后，用户的亚马逊账户上将自动根据购物情况扣费。

图3-40 亚马逊无人收银便利店

习题：

1.（　　）是在特定场景下实时定向地为用户推送信息，在互动沟通中满足用户需求和树立品牌形象的营销行为。

　A. 场景营销　　　　　　B. 品牌营销　　　　　　C. 广告营销

2. "新零售"，就是应用互联网的先进思想和技术，对（　　）加以改良和创新，用最新的理念和思维作为指导，将货物和服务出售给最终消费者的所有活动。

　A. 传统零售方式　　　　B. 实体店零售　　　　　C. 线上零售

换个角度思考：

_____
_____
_____
_____

第四章
品牌穿越 O2O

扫码看视频

第一节　线上平台策略

一、自建/加盟

O2O 商业模式是一种新诞生的电子商务模式。这种模式一定程度上缩短了消费者的决策时间，是由 TrialPay 创始人兼 CEO Alex Rampell 提出的。"O2O"是"Online To Offline"的简写，即"线上到线下"，O2O 商业模式的核心很简单，就是把线上的消费者带到现实的商店中去，在线支付购买线上的商品和服务，再到线下去享受服务（图 4-1）。

O2O 平台获得企业商品服务信息，传递给消费者，消费者通过 O2O 平台购买信息，最后消费者与企业达成交易。

扫码看课件

Groupon（图 4-2）被认为是团购类网站的鼻祖。2008 年 11 月在芝加哥推出，Groupon 成为一个全球性的团购网站，通过提供连接数以百万计的当地商家，在超过 28 个国家提供餐饮、旅游等本地生活服务。截至 2015 年 3 月底，Groupon 团购服务全球 500 多个城市，有着近 4 810 万的活跃用户和超过 425 000 笔交易。

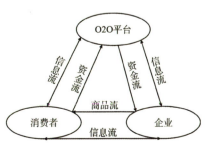

图 4-1　最简单的 O2O 模式

图 4-2　Groupon

O2O 具有很多优势：

首先，O2O 将线下信息线上化。对于企业而言，网络信息的传播等同于广告，成本低效果大。

其次，O2O 提供预订。以旅游网站为例，消费者想去哪里，只需要在规定时间内入住就可以。通过 Airbnb，用户可以了解到全世界的民宿信息，无论是日本，还是美国、欧洲，通过查询和预订，到了当地就可以立马入住带有浓浓民族气息的屋子。

最后，O2O 比线下消费更便宜。打车软件在推出初始，出行低至 2 元，如今，打车软件依然比出租车便宜，比如顺风车，乘客只需要提前与司机沟通好时间和接送地点，如果路程较远，在价格上比出租车要便宜一倍左右。

（一）线上平台策略的研究

1. 自建

我们以旅游电子商务平台的构建为例：

以 O2O 商业模式来设计旅游电子商务平台，就是把线上旅游资源和线下旅游资源整合起来，围绕旅游消费者和旅游相关企业的需求构建一个网络平台。旅游行业是由行、住、吃、游、购、娱六大要素组成的综合性行业，这六要素为旅游电子商务平台的构建提供了基本内容。

根据这六个要素，分别构建交通平台、住宿平台、餐饮平台、景点平台、娱乐平台（图 4-3），把"购"字融入每个平台之中，然后在消费者和企业之间构建管理平台，来实现旅游消费者、旅游相关企业和平台企业之间的信息与资金相互传递，实现线下和线上资源共同分享，以实现各自所需，

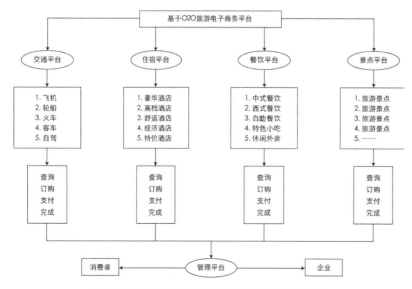

图 4-3　基于 O2O 的旅游电子商务平台的整体框架图

达到各自目标。

美团网成立于 2010 年 3 月，最初定位团购网站，美团网的宗旨是为消费者推荐多种优质的本地生活服务，同时，通过先进的互联网服务，帮助商家找到合适的消费者。从美团成立以来，美团保持着服务电商最快的发展速度。

环境：美团平台的建立依赖于中国经济、政策、社会以及技术环境的进步，而且作为中国第一家团购网站，它占有绝对的优势。所以，O2O 平台的建立依赖于当前的社会环境和行业竞争等的总体考虑。

技术：美团平台的建立，在很大程度上依赖于 LBS 技术，根据用户的地理位置，推送附近的商家信息，O2O 与 LBS 的结合已经成为时下最常见的营销方式。

2. 加盟

在基于线上平台的基础上，许多商家都会以加盟的方式来选择 O2O 营销模式。最常见的加盟莫过于类似肯德基、麦当劳、一点点奶茶等线下店面，但同时它们也通过线上加盟在不断扩大影响力。

以花店为例。传统花店能够依托店面以及人际和业务联系等方式来实现销售。其优势是客户可以真切地看到物品，通过面对面地沟通等方式得到需要的咨询以此产生购买行为，但同时也附带着缺陷，包括收入有限，范围小以及面向的客户量少等。（图 4-4）

而如果想要自建一个网上平台，则又太过烦琐，投入太大。所以使用加盟的方式与线上连锁店合作，通过线上大型平台销售本店产品则是一个较好的选择。基于原有的线上连锁店，吸引广大消费者，具有影响力强、精准度高等特点，而且网上花店购销方便、营业范围广、传播速度快。

花市网是最早的中国鲜花经营网站之一（图 4-5），它于 2005 年成立，有 900 多个鲜花配送点分布在 900 多个城市，以就近原则进行配送，专职专送。类似于鲜花的行业还有很多，比如，美容美发、美甲、洗浴等，更不用说一些餐馆、影院、酒店，它们更加需要一个专门的平台来吸引更多消费者。

图 4-4　传统花店

图 4-5　花市网

习题：

1. O2O 平台获得企业的（　　）传递给消费者，消费者通过 O2O 平台购买信息，最后消费者与企业达成交易。

　　A. 定位服务信息　　　B. 商品服务信息　　　C. 广告服务信息

2. O2O 具有哪些优势？（　　）（多选）

　　A. 线下信息线上化　　B. 提供预订　　　C. 比线下消费更便宜

3. （　　）就是该企业组织，将该服务标章授权给加盟主，加盟主可以用加盟总部的形象、品牌、声誉等，在商业消费市场上招揽消费者前往消费。

　　A. 商业合作　　　　B. 加盟　　　　　C. 服务授权

换个角度思考：

_____

_____

_____

_____

二、线上平台策略（PC 平台 / 移动平台）

（一）线上平台品牌营销常用方法[87]

扫码看视频

[87] https://www.jianshu.com/p/5653f21140cf.

1. 引流

引流是通过主题活动、优惠打折、特殊专题推广、新用户享新人礼包等吸引消费者的方式，赢取市场份额，初步留存用户。

2. 运营

利用社群的社交互动进行熟人营销，提高消费者的购买安全感，增加其对商品的信任，让用户加入产品设计与销售的过程中，获取正确的用户需求，使商品能够发挥有效价值。

3. 付费精准网络营销

人群定向技术已经被广泛地应用到各大媒体平台，基于互联网网络平台收集到的用户大数据，已经达到可以根据使用人群的搜索习惯精准地找到目标使用人群，因此线上投放广告可以使广告更好地发挥价值，与线下广告相比更加有效。

扫码看课件

4. 线上互动活动

随着时代技术的发展，不管是直播，还是小视频、看电影、看电视都可以实现线上的互动，这些互动活动也随着小程序和页面的发展功能越来越齐全，常见的有抢红包、分享专属 H5 等，达到线上互动的目的，大大增加线上互动的丰富性与可玩性。

案例一：荔枝 FM

《声音恋人》是新片场营销为荔枝 FM 打造的广告，获得"2018 金瞳奖"原创用户口碑铜奖。2018 金瞳奖共包含"原创内容单元"和"内容营销案例单元"两大模块，10 组类别，共 79 个奖项，"原创内容单元"的评奖主要是对参赛作品的原创内容进行价值认定。这部获奖短片以清新甜蜜的恋爱故事为主线，很贴合"声音恋人"这一新功能的核心理念：为每个人"定制"独一无二的声音陪伴。事实上，在年轻人群体中，很多人对于"声音恋人"这样一个能随时随地给予自己关心和理解的存在，都有一定的接受度和需求度。我们不能否认，在不过度依赖的前提下，声音的陪伴是治愈失意和孤独的一种有效方式。目前，该短片在《小情书》栏目自有渠道平台累计播放量将近 3 000 万。

案例二：《SelfieSTIX》狗狗的自拍神器

在刚刚过去的戛纳广告节上，来自 Pedigree 的《SelfieSTIX》赢得了移动类金奖。下面是一段官方介绍：

为了证明 Pedigree DentaSTIX 的不可抗拒，我们创建了 SelfieSTIX。这是一款专门设计的手机配件，可将 DentaSTIX 连接到您的手机上，方便您拍摄完美的狗狗自拍照。

为了配合剪辑，它们创建了一个应用程序，它可以对狗进行自拍并为其添加有趣的滤镜。人类的面部识别很简单。但随着狗脸的极端变化，这项技术要复杂得多，看来人类对自拍的迷恋已经蔓延到狗狗无疑了。Pedigree 通过利用内容来吸引用户的方式实现了线上的良好运营。

习题：

1. 常规的引流，多采用（　　　）等模式，通过用户的分享、专题推广等方式靠利益吸引用户注册购买。（多选）

　　A. 专题推广　　B. 分享返利　　C. 赠券　　D. 新用户优惠

2. 靠内容运营，与用户交朋友增加信任感，让用户参与产品的研发设计并提供建议，可以更好地获取正确的用户需求，这种运营方式叫作（　　　）。

　　A. 品牌营销　　B. 场景营销　　C. 广告营销　　D. 社群营销

换个角度思考：
_____
_____
_____
_____

第二节　线下模式策略

一、线下模式策略（体验店 / 社区店）

线下门店区别于线上购物的最显著特点就是购物体验，让顾客真正地身临其境，体验到"逛"与"购"的快感。完善线下门店的体验环节，增设相关服务体验，增加"逛"的乐趣是线下门店应重视的必要措施。

（一）打造"逛"的体验感，形成特色价值魅力

当你是一道风景的时候，自有看风景的人来看你。打造门店"逛"的体验感，增加并提升逛的过程中的各种细节与品位（店面主题形象包装、艺术文化氛围塑造提升），形成店铺独有的"特色"，只有这样，才能给予顾客特色的形象，更利于口碑传播。

线下购物的最重要特点就是真实场景及产品体验（电商只能看图片），顾客更容易获得好感，产生购买冲动。如×××最美书店（文化风景，必须去看）与普通书店。（图4-6）

图4-6　线下购物

（二）新鲜感、氛围感、热闹感

中国人的心理就是哪有热闹往哪扎，对于线下门店一定要有热闹的感觉。不管是通过促销活动组合，形成热闹的销售氛围，吸引用户进店，像进店抽奖 / 每周特价 / 居民特权日 / 买赠 / 满减等形式，还是通过灯光音

乐氛围渲染，以及物料装饰形成的视觉形象，都要让人看到就能产生"必须进去看看"的想法。

（三）差异化服务，惊喜感

通过增加产品附加值服务，形成与竞品的差异化竞争，增加用户的价值感、惊喜感，增强用户的黏性与好感，培养用户的习惯与忠诚。

（四）物料宣传，扩大认知

高效地准备好前期宣传使用的各种物料，物料的品牌性、传播性、识别性、与同品牌的区别性，以及品牌理念性等都要考虑在内。通常物料的宣传使用大多都在线下，因此，尤其要考虑物料宣传信息是否清晰，重点是否突出，表达的含义消费者是否可以理解，能否通过物料就可以和用户达到良好的沟通，告知其有效信息？所以在印宣传物料前更应该想想用户的痛点，以及是否能引起用户的兴趣这些问题。线下门店要做的就是——告知恰当的用户这里能提供什么产品或服务，有哪些优势？等用户有需求的时候自然会来，先栽梧桐树，凤凰自飞来。

案例一：优衣库未来店铺设计大赛金奖

优衣库星系统是一个在地性强、具有可变性和流动性的运营模式。它使销售在保持高效性的同时更具地区针对性，能更好地实现优衣库的新零售经营模式与服侍人生的企业理念。星系统的线上由优衣库APP、各大电商平台及用户的智能终端组成，并将作为主要的销售渠道。线下实体店主要负责数据收集和大数据分析结果的展示，并弥补线上平台体验和感官上的弱点。

此系统将改变大多数现有实体店仅承担快销这一职能的现状，将地区用户信息收集、私人定制、优衣库产品推广等新职能纳入其中。在未来，将实体店分为：固定存在于一个区域，具有完备功能的恒星店，以及一系列具有时效性、可在不同区域内流转、功能单一的行星店。一个星系单元由一个恒星店和若干个行星店组成，行星店可更高效地收集该地区用户的人群数据，对优衣库的品牌形象推广有着积极作用，使优衣库与用户共同成长。

案例二：盒马鲜生线下机器人无人餐厅店

虽然现在走进大大小小的超市，拿出手机付钱并不是新鲜事，店员也会引导你关注超市的官方账号，从微信上注册成会员，但是完全没法用现金结账的商店，也没有那么常见。不同于传统超市，要求你走出超市之前都不要拆封商品，等待一起结账，在盒马店内一边逛、一边就能结账，这有些像电商,买完还能接着逛,而不是非得最后一起结算。点评里最常见的海鲜水产档口只是一小部分,盒马鲜生超市里还有小火锅、炭烤牛排、原麦山丘、贡茶、果汁、自选沙拉等联营餐饮。每个联营商家的收银机都是超市统一的,拿着扫码枪的店员在做奶茶、烤牛排的同时,也能为你结算全场的商品。在出口处的自助收银机上,直接使用支付宝的付款码也能结账成功。但在店内餐饮收银处,收银员会告知你,如果不用盒马应用结账,收银员会被罚款。不过,在出口处的人工收银台,盒马为不方便使用应用付款的用户,开了"现金代付"通道。盒马鲜生,以生鲜为特色,线下重体验,线上做交易。

习题:

1.线下门店区别于线上购物的最显著特点就是(　　　),让顾客真正地身临其境体验到"逛"与"购"的快感。

A.购物体验　　　　B.产品体验　　　　C.用户体验

2.线下购物的最重要特点就是(　　　)。(多选)

A.真实场景　　　　B.产品体验

C.定制服务　　　　D.购物流程

3.(　　　)是指通过增加产品附加值服务,形成与竞品的差异化竞争,增加用户的价值感、惊喜感、增强用户的黏性与好感,培养用户的习惯与忠诚。

A.物料宣传　　　　B.定制化服务　　　　C.差异化服务

换个角度思考:
_____
_____
_____

二、线下模式策略(上门服务)

扫码看视频

上门经济的典型业态:上门经济是随着互联网行业的发展逐步兴起的新兴行业,是一个企业良好服务的象征。这个领域将传统行业进行改造,在淘汰一部分传统职业的同时又引发一种新的工作方式的替换,这个领域吸引了大量的资本、创业者以及媒体的目光。这些服务集中在家政、美容、汽车保养、健康保健、家电维修、家庭教育等领域。典型的公司有荣昌e洗、58到家、河狸家、e保养、摩卡汽车、熊猫按摩、家电管家等。

可以看出,这些上门经济在模式上可以分为综合平台和垂直平台两类:前者以大众点评的生活服务、58同城的58到家为典型代表;后者则

扫码看课件

以河狸家、e洗车为典型代表。

事实上,在如今这些垂直服务出现的很多年前(甚至追溯到20世纪)上门经济是始终存在的,比如,上门维修家电。

(一)上门服务的结构改造

互联网的兴起对行业的转变使得以服务为主要的上门经济发生了变革性、结构性的转换,其主要体现在:

(1)在产业逐渐饱和、细分、极度碎片化的线上和现在的市场中形成了一定程度的品牌服务,降低了人们对产品服务体系的认识与理解。

(2)为了避免产品服务带来的不稳定性风险,建立了服务质量的评价和保障机制。依靠服务信誉与评价影响用户的选择,这同时也是督促服务者的一种手段。

(3)利用互联网平台的各类综合性或者垂直细分的应用、网站、小程序等,大幅度降低了买卖双方进行交易的成本,更易查找与接单。

但是由于服务行业的特性,对职业劳动者的劳动力与专业技能、职业态度有一定的要求,因此很难从互联网原本的架构方面进行调整与改变,只能在监管制度上不断优化,防止漏洞,降低风险。

当然,我们也可以看到大部分这方面的创业公司都在尝试提供统一的生产工具、劳动服装,以及建立服务监督电话投诉机制,甚至对劳动者的技能进行培训和认证考试。

(二)平台+招募完美合作

平台的好处在于可以快速地撮合交易,尽管成单的概率可能很低,但是因为有足够的用户规模,成单规模仍然不可小觑。

一般平台模式对劳动提供者(劳动者)大都采取的是招募制,不会内化成自己的员工,一是可以降低自己的成本,二是能够引入足够规模的社会化员工,快速地形成服务交付能力,满足尽可能多的用户的多样性需求。

这种轻资产的模式,大都对劳动者的服务产品采取"注册审核制+社会化评价"制度,以此来控制服务质量。

对于一个谋求用户规模的平台而言,这是迅速发展的不二法门,或者说别无选择。

(三)平台线下上门服务承担的风险

如果继续承认服务产品质量是决定成败的关键,那么作为主要承担交易撮合的平台方，对质量的管控却存在很多风险。

比如，劳动者的生产工具质量管控、服务响应时间管控、服务技能管控，受限于规模庞大的社会员工，平台如果想做到精细化的质量管理，就面临巨大的时间、专业知识、资本三方面的困境。

这也就决定了以平台模式为切入点的上门服务只能局限于不包括复杂的专业技能、硬件备件更换的"轻上门服务"，比如，美甲、按摩、保洁、洗衣、家教。

"轻上门服务"的典型特征是劳动者以销售自己的专业知识或者劳动力为主要的产品。

案例一：三星的上门服务，重塑产品形象

三星的一则感人广告，讲述的是为了修复偏远山区的电视，维修员阿米特费尽千辛万苦，路过狭隘的吊桥、泥泞的小河，路过有羊群、有路障的道路去服务的故事。阿米特一进门便发现女孩是个盲人，盲人为什么要看电视？阿米特带着疑惑修理好了电视机，接下来一群盲人孩子跑下来一起收看电视，因为他们在等待小伙伴的歌唱表演。此刻阿米特的心情应该是沉重的，但也是幸福的。这些孩子虽然看不见这个世界，但是丝毫没有自怨自艾，反而勇敢地面对，把生活过得多姿多彩。

三星自成立以来一直口碑都不错，直到出现了三星 Galaxy Note7 一系列爆炸事件，三星一下子掉了许多粉，也让用户受到了惊吓，许多机场还明确规定禁止携带 Galaxy Note7 登机。12月，三星放了"狠招"：推出可以永久禁止市面上 Note7 充电的软件更新。在此之后，Note7 回收率从85%上升至96%以上，三星美国市场总裁兼首席运营官蒂姆·巴克斯特（Tim Baxter）近期也表示三星"很快"就会发布一份关于 Note7 质量问题的调查报告。但剩余4%仍在市面上的 Note7 手机下落不明，希望三星企业能像广告中那样真正做到为客户考虑，但愿今年不会再有 Note7 的"爆炸新闻"。总之，广告的目的是挽回三星的形象，用真诚的态度唤醒消费者再给三星一个机会。

案例二：美家美家政的真流流露

城市里有这样一群家政服务人员，她们或身为人母，或身为子女，她们背井离乡，远离亲人，每天在别人的家庭里为别人服务，却无法常常与自己的家人相见……家政师赵姐就是这样，她和儿子已经两年没见了，思念充斥着她的心。母亲节这天，赵姐一如既往地劳作，和同事们准备晚饭庆祝母亲节。这时，赵姐的儿子悄然出现，带来了惊喜和感动……这部剧情式纪录片是根据美家美员工赵颖的自身情况拍摄的。美家美（MegaMerry Inc）是一家高端家政连锁机构。在这个越来越浮躁的年代，

观众对于明显的广告植入总是嗤之以鼻的,而本片最大的高明处在于用纪录片的手法记录了一个平凡但饱含深情的故事。同时演员朴实真诚的表演,没有造作之感,使每位看完影片的观众都发自内心去认同这个故事,并与其产生共鸣,在这个过程中不知不觉产生了广告商也理解了家政人员的不易的想法。这部献礼母亲节的片子,送给全天下还在为儿女奋斗的父母,也送给所有为家努力的人们。广告的纪实性增强了品牌的人情味,改变了大家对家政上门服务的认识,并传递了以宽容的态度迎接每一位到家的人的情怀。

习题:

1.( )是互联网改造传统行业的新兴模式之一,这个领域吸引了大量的资本、创业者以及媒体的目光。

A. 体验经济　　　　　B. 上门经济　　C. 共享经济

2. 上门服务作为服务产品本身,由于其主要依赖于劳动者的专业技能和职业精神,互联网模式在这方面的改进效果如何?( )

A. 微乎其微　　　　　B. 十分显著　　C. 可见一斑

3. 平台的好处在于可以快速地撮合交易,且成单的概率尽管可能很低,但是因为有( ),成单规模则不可小觑。

A. 优秀的广告效应　　　B. 足够的用户规模

C. 良好的口碑影响

换个角度思考:
___
___
___
___

扫码看视频

第三节　引流及联动策略

一、引流及联动策略(线上往线下引流/线下往线上引流)

随着电子商务的蓬勃发展,众多零售企业都开始了线上零售,将业务从线下延伸到线上,成为线上线下共同发展的多渠道零售商,拥有更多的销售途径,从而销售更多的产品,赢得顾客的忠诚度和满意度,获得更大的市场利润。用联动的视角看待、处理线上线下发展之间所遇到的问题是解决新零售相关问题的关键。据分析,新零售关注的焦点在于"人、货、场"的重新定义，线上引流，利用互联网和大数据，通过线上线下融合让消费场景无处不在，改变了传统单一的消费场景。[88]

苏宁就是从线下往线上引流中的代表。苏宁在1990年创立于江苏南京，是中国3C家电连锁零售企业的领先者。2010年苏宁开始运作线上零售店——苏宁易购，标志着苏宁正式进入线上和线下多渠道发展的阶段。永辉超市在2017年推出的超级物种的"高端超市＋生鲜餐饮"新业态，面向城市中高端人群，以用户需求为中心，从商品、场景、体验三方面实现线上线下打通新体验。盒马鲜生的一则创意广告的出现，"新零售"一词进入人们的生活，马云对"新零售"充满了乐观期待："未来的十年、二十年，没有电子商务这一说，只有'新零售'。"

阿里旗下的盒马鲜生也竭力贯彻"新零售"的理念。阿里巴巴集团CMO董本洪说："全球'新零售'看盒马！"无论是"超级物种"还是"盒马鲜生"等，从诞生就有很强的互联网基因，精髓是迭代。拥有数据和技术，进行快速迭代是最重要的能力，再往后，拼的就是迭代能力，因为它们的顾客群体有高度的重合。

从线上往线下引流的以天猫为例，在打下坚实的用户基础后，线上满足了消费者的便利需求后又发展到线下体验店满足消费者的体验需求，通过收集、跟踪消费者行为数据，进而具备了分析数据的优势，将分析融入线下体验和服务之中，满足经营中消费者个性化、多样性的需求。

实体零售业线上线下融合发展模式不是一蹴而就的，而是经过了线上线下相互独立、相互补充，然后慢慢走向线上线下相互融合的发展。

[88] http://ex.cssn.cn/zx/shwx/shhnew/201803/t20180321_3882716.shtml.

扫码看课件

（一）相互独立

实体线下零售面对线上的吸引，开设线上平台或第三方合作平台，这也是早期线上线下相对独立的状态。根据零售轮转理论，新的零售组织诞生后，大多采取低成本、低毛利、低价格的经营政策进入市场，网络零售就以其价格低廉的优势迅速进入市场，而实体零售在开展网络零售业务的过程中，为了避免渠道内部冲突以及互相抢占市场的情况发生，实体零售业的线上零售业务通常独立运行。实体零售业的线上平台独立运行，线上线下平台定位不同的目标群体，完成不同的零售功能，通过差异化经营满足不同消费者的需求。实体零售业线下销售具有丰富的经验，而线上零售却在技术专业性上与纯网络零售企业存在差距，加之低成本的经营模式难以为继，故实体零售业需要开始新的零售模式探索。

（二）相互补充

在相互独立难以为继后，实体零售业开始对线上线下的零售模式进行探索，相对独立的运营模式转为相互补充，线上线下相互补充的发展模式是实体零售业由线上线下相互独立的零售模式向相互融合模式的过渡过程，以实体零售为主，以网络零售作为实体零售的补充运营方式。例如，进行线上推广营销和与消费者沟通，线下提供售后服务和体验。

（三）相互融合

实体零售业在进行线上线下相互补充的经营模式中已经开始尝试将能够协作的资源进行整合。企业零售，线上线下平台的资源进行融合发展实质是实体零售业面对经营环境变化时在资源配置方面的创新。从市场需求角度，实体零售可以满足消费者的体验需求，网络零售则可以满足消费者的便利需求。实体零售业利用实体零售和网络零售独有的优势开展分工协作的资源整合，从而可以更好地满足消费者个性化的需求。基于企业内部对资源配置方面的创新，进而形成线上线下融合发展的经营模式，这也成为目前实体零售业转型发展的主要经营模式。

随着互联网零售企业与实体零售企业的竞争日益加剧，双方都看到了各自在零售业发展中所具有的优势与劣势。所以近年来，互联网零售企业与传统零售企业都在努力学习对方的优势，使得零售业线上线下融合发展的趋势日益明显。一方面，零售企业逐步扩大线上业务，网络零售渗透作用逐渐增强；另一方面，实体零售业面对被网络零售发展改变的消费方式，也开始顺应行业发展趋势，转变原有经营模式，促进线上线下的融合发展。实体零售行业经过拓建线上渠道的适应过程，开始布局线上线下融合的全渠道经营，创造全新、全面的消费体验，具有较大的发展空间。

习题：

1.用（　　）看待、处理线上线下发展之间所遇到的问题是解决新零售相关问题的关键。

　　A.统一的评估　　B.联动的视角　　C.专业的等级　　D.判断的能力

2.从市场需求角度，实体零售可以满足消费者的（　　），网络零售则可以满足消费者的便利需求。

　　A.多变的喜好　　B.购物的满足　　C.体验需求　　D.随机的需求

3.下列哪一个不是众多零售产业开始线上零售的目的？（　　）

　　A.获得一定的金钱　　　　　　B.获得更多的销售途径

　　C.赢得顾客忠诚度和满意度　　D.获得更大的市场利润

4.线上线下相互补充的发展模式是实体零售业由线上线下相互独立的零售模式向相互融合模式的过渡过程。（　　）

　　A.对　　　　　　　　　　　　B.错

5.实体零售业线上线下融合发展模式不是一蹴而就的,而是经过了线上线下____、____,然后慢慢走向线上线下相互融合的发展。

换个角度思考:
_____
_____
_____
_____

二、引流及联动策略(多元化入口)

扫码看视频

近年来,传统经济产业开始转向新兴的文化创意产业发展,越来越多地覆盖了人们生活的各个领域,并且迅速成为全球经济、政治、文化发展的一大亮点。当下传统文化创意产业的单一经营模式受到了多元化新生力量的终极挑战,盈利状况受到严重冲击,企业生存也遭受严峻的考量,例如,传统书店接连倒闭关门。然而,崇尚跨界经营的文化品牌则一片生机盎然。以台湾诚品书店为例,通过拓展自身业务种类和范围,从当代艺术中汲取资源,提升室内空间设计与消费体验,结合线上线下的活动宣传迅速蜕变成一个活跃于艺术文化圈的新品牌,形成一种新型的、双赢的跨界经营模式。本节将以诚品书店的发展历史分析其联动策略以及多领域的融合。

1989年,在台北仁爱圆环,第一家诚品书店成立(图4-7),以专业人文艺术书店,涵括诚品画廊、艺文空间的经营模式,[89]实践人文、艺术、创意、生活的核心理念。[90]诚品画廊、诚品酒窖、诚品Café同年成立。[91]可见在创建之初,诚品书店的企业核心理念就埋下了多元化的种子,从而在接下来的发展中更加注重多领域融合。

1995年,诚品敦南店搬迁至现址(图4-8),以宽敞的空间场域,呈现多元的文创产业内容。可见,诚品书店以文创产业为媒介,尝试将各种艺术、创意、生活和人文融合起来。

1997年,诚品讲堂开讲,以开放的知识交流平台,广纳空间与建筑、说书、哲学、历史、趋势、电影、生活风格、艺术、文学、音乐等领域的

[89] https://www.sohu.com/a/158377708_762557.

[90] http://siso.91job.gov.cn/largefairs/company/id/1455/sid/5/stype/1.

[91] http://m.sohu.com/a/222313641_814195.

扫码看课件

图4-7　1989年在台北仁爱圆环第一家诚品书店成立

图4-8　1995年诚品敦南店搬迁至现址

图 4-9　2003 年诚品台大医院店开幕

图 4-10　2008 年勤美诚品绿园道店开幕

图 4-11　2009 年诚品与台北市立美术馆合办《蔡国强·泡美术馆》当代艺术展

图 4-12　2010 年诚品文化艺术基金会成立

文化内容，累积 2 500 堂课程、邀请 600 位专家学者授课，开启民间讲学新风气。1998 年，诚品台北车站捷运店开幕，宣告正式进驻大众交通通路系统，为旅人开创便捷快速的阅读服务。

2001 年，诚品网络书店成立，实体书店与虚拟通路的整合经营，透过网络在线服务，突破时空界限，传递加值阅读服务。诚品开发物流股份有限公司成立，展现诚品全方位通路物流及信息系统的专业整合能力，并与新华书店合作，迄今已陆续完成江西、北京、云南、广东等新华书店物流中心现代化建设工程。

2003 年，诚品台大医院店开幕，首度进驻医疗服务通路（图 4-9），为病患、家属、医疗人员提供阅读和餐饮服务。

2008 年，勤美诚品绿园道店开幕（图 4-10），首次以顾问经营管理模式展现诚品开发、营运合作共生的实力，提供为不动产增值及创造商圈价值的专业顾问服务。

2009 年，诚品与台北市立美术馆合办《蔡国强·泡美术馆》当代艺术展（图 4-11），成功展现诚品国际艺术策展力，总参观人数创下台湾当代艺术展览史上观展人次新高点。

2010 年，诚品生活股份有限公司成立，确立诚品公益性的文化事业与经营性的文创产业并进发展，落实专业经营。

2010 年，诚品文化艺术基金会成立（图 4-12），延伸诚品核心价值和能力，以推广阅读为核心使命，让阅读的种子在台湾地区的每一寸土地落地、生根、发芽、成长，使人人"有书读、爱读书、读好书"。

2013 年，诚品生活松烟店开幕，从传统工艺到现代时尚、从百年老店到新锐设计，全馆汇聚百家台湾原创品牌，成为诚品积极培育台湾地区在地品牌、发掘设计人才的平台，并首度涉足表演厅、艺术电影院等新经营业态，发挥跨界跨业的多元文创整合力。纵观诚品书店的发展历史，可见诚品画廊、诚品书店、诚品展演、诚品居所、诚品行旅、诚品生活文创平台、诚品生活餐旅事业、诚品开发物流，以及诚品文化艺术基金会都是在"诚品意识"的使命下而体现出某种程度上的一致性。诚品在运用其"1+1>2"的协同共性，由画廊在艺术学术上提升企业高度，由书店通过广泛的媒体和受众资源提升影响力等多元化入口，一同创造了休闲式的线下艺术体验，这是打好诚品品牌的王牌。

在多元化融合的过程中，诚品集团成为了历史悠久、企业版图扩展够快、品牌营销模式够成熟的成功案例。诚品紧紧抓住新生代消费者，在找到亚裔社群共同性的同时，又保有了自身的差异性。交叉的业务范围，可以使用户得到一站式的企业服务，同时各业务之间的共性有助于企业文化的传播，有助于增强用户黏度，实现"1+1>2"的协同效应。

习题：

1. 传统经济产业开始转向新兴的（　　）发展，越来越多地覆盖了人们生活的各个领域，并且迅速成为全球经济、政治、文化发展的一大亮点。

  A. 农业产业　　　　　　B. 地域特殊性产业
  C. 文化创意产业　　　　D. 服务产业

2. 当下传统文化创意产业的（　　）受到了多元化新生力量的终极挑战，盈利状况受到严重冲击。

  A. 单一经营模式　　　　B. 多样化经营模式
  C. 技术为主的经营模式　D. 销售型经营模式

换个角度思考：

_____

_____

_____

第四节　品牌的多屏战略

扫码看视频

一、品牌的多屏时代

随着互联网时代的发展以及科学技术的进步，越来越多的移动终端进入了人们的生活，其中以智能手机、平板电脑为代表，视听传媒迅速进入多屏时代，电视荧屏、PC显示屏、平板电脑、智能手机大小屏幕等共同构

[92] http://data.chinaxwcb.com/zgcb/shuzishidai/201508/59001.html.

[93] http://www.weartrends.com/a/25637.aspx.

[94] https://www.sohu.com/a/254595514_135894.

图4-13　KEmoti 手机应用软件

[95] http://mt.sohu.com/20170307/n482646870.shtml.

成了一个视频阵列。[92] 美国新闻网站商业内幕（Business Insider）发布的《移动互联网的未来》报告（2013）称："人们现在处于手机、电脑、平板、电视的四屏世界，不久可能会进入包含谷歌眼镜等的五屏、六屏世界。"作为"第一传播平台"的电视，也在多屏时代受到了严峻的挑战。

多屏时代，在新的受众、新的社会关系和新的需求面前，"多屏共存、跨屏传播"将是电视内容新的生存方式，将电视的多屏战略延伸至所有品牌策划之中，可见内容生产将具备新的特点。

奥迪为 2014 年 4 月美国上市的入门级车型 A3 设计了多渠道营销活动，系列广告中最主要的一支电视广告特别邀请了喜剧演员 Ricky Gervais 以及众多名人出演。[93] 在这支名为 "Dues" 的广告中，名人们一边做着日常工作，一边读《We Are the Champions》的歌词，这首著名歌曲能唤起勇气和激情，[94] 使目标观众产生共鸣，让人们觉得自己应该买辆新车。奥迪充分利用了全球都通用的一些容易唤醒共鸣的主题，邀请粉丝们提交他们在生活中发挥创意、展示智慧和鼓足勇气的动人时刻，以吸引更广泛的受众，从而重新定义奥迪入门级车型。

Karl Lagerfeld 为自己的同名品牌香氛策划了数字多屏交互式触点，以增加在香水领域中的认知度。在 Karl Lagerfeld 签名黑皮卡通手套倒计时 10 天后，品牌在位于 Harrods March13 的伦敦门店官方推出同名男女款香水。在 Karl Lagerfeld 特地开辟的迷你网站 KarlParfums.com 上，消费者可以通过一则短视频了解这款香水。在 35 秒的视频中，一个上身赤裸的男人和一个女人手戴类似 Karl Lagerfeld 经常佩戴的镶饰钉黑皮手套，拥抱着并撩拨秀发。Karl Lagerfeld 还推出一款 KEmoti 手机应用软件（图 4-13），其中包括各式 Karl Lagerfeld 表情。此外，Karl Lagerfeld 还使用了 OOH 营销策略：如果伦敦消费者找到一辆带有黑白 Karl 表情标志的出租车，就可以获得一份免费样品。

法国时尚品牌 Kenzo 与英国环境保护组织 Blue Marine Foundation 合作，通过时尚帮助保护海洋。Kenzo 在伦敦旗舰店和网站上推出 Blue 活动。Kenzo 在 2014 年宣布与 Blue 合作，并推出带有 "No fish, no nothing" 字样的 T 恤。超迷你系列含有男女服饰及配饰，包括印有 "No fish, no nothing" 或鱼图案的 T 恤、运动衫、连衣裙和背包。Kenzo 在巴黎的数字快闪店铺中结合社交媒体与电商，仅营业一周，消费者就可以通过电子商务平台购买系列产品，并在社交媒体 Instagram 上分享活动，通过电子屏互动。[95]

Ghibli 车通过在超级碗期间的首个电视广告来加强北美市场的参与度。广告宣传了 Ghibli 车型，这是该品牌首台低于 10 万美元的车型，表明一个更加包容的品牌形象。这支电影风格的广告由 Quvenzhane Wallis 担任女主角，与品牌形象相符。90 秒的广告名为 "Strike"，在超级碗第一季期间播出。与 Jaguar、Audi 等豪华汽车制造商不同，Maserati 将广告压到比赛当天播出，消费者对从未见过的 Maserati 广告感到惊讶。Wallis 以电影《Beasts of the Southern Wild》中的"Hushpuppy"一角闻名，广告中她讲述一首面对巨人需要勇气的诗歌，镜头在 Wallis 与努力工作的各行业工人之间切换。

从上述案例中能够看出，品牌的多屏策略将具备新的特点，即交互性、精致化、独特性、社交化。

（一）交互性：为观众参与内容生产创造空间

在新媒体环境下，"观众"越来越多地和"受众""消费者""用户"等称谓等同起来，这意味着观众在电视内容传播与接受过程中具备角色的多重性。随着多屏时代的到来，观众在电视内容的选择、搜寻、分享和参与上显得更加积极和主动。观众和电视内容的交互，尤其是观众参与到电视内容生产中来成为必然趋势。

（二）精致化：电视内容生产的传统优势

当下，我们的大众传媒正处在这样一个以产品制造和生产为追求的时代。面对多屏提供的海量内容(产品)，观众(消费者)的选择成为左右媒体竞争成败的关键因素。流行文化研究的创始人、美国传播学者约翰·菲斯克指出："在文化经济中，交换和流通的不是财富，而是意义、快乐和社会身份……消费者在相似的商品中作出选择时，通常不是比较其使用价值，而是比较其文化价值；从诸多商品中作出一种选择，就成了消费者对意义、快乐和社会身份的选择。"考察当下中国电视观众的构成，"中产阶层已经成为媒体消费的中坚力量，……他们对电视内容的选择会带动小范围的舆论场，掀起小范围内的公众议程，形成收视效应"。因此，电视的内容生产应当要重视精英文本的设置，走精致化的道路。电视内容生产的精致化应当具备以下三点要求，即较高的专业水平、精良的制作水平和高雅的文化品位。

（三）独特性：变"内容位移"为"内容特制"

多屏时代，受众同时拥有多块屏幕，而他们使用不同屏幕的时长和习惯却有所不同。电视具备极高的普及性，适合家庭成员一同观看，但受时间、地点的限制；电脑较电视而言具有更高的选择自由度，但不适合多人观看，而且也受网速限制；手机端在移动性、便携性、互动性上具有优势，但同时也有屏幕小、待机时间短、费用高、信号不稳定的劣势。因此，电视需要为不同的屏幕生产具有独特性的内容，各终端推送的内容应各有所长，形成互补，发挥跨屏传播的聚合效应。

（四）社交化：从生产内容走向生产社交关系

2014年，尼尔森的一份研究报告显示，"第二屏、社交网络和电视观看行为的融合，正在提升看电视的体验和乐趣，第二屏甚至导致人们看电视的时间延长"。人们在看电视的同时，通过手机、平板为代表的"第二屏"在社交网络中发表对节目的看法和评价，[96]并和亲友、同事、同学甚至陌生人形成互动，成为观看电视本身之外的另一种乐趣，电视也从生产内容走向了生产社交关系。电视内容生产的社交化特点，要求电视与社交媒体高度合作，通过多屏互动，共同打造优势内容矩阵。

在多屏时代，"屏幕增多"表象的背后是受众对媒介产品消费方式的改变及由此带来的媒介边界被打破。但无论怎样，"迎合受众的收视特征""尊重受众需求和体验""内容为王"等理念仍是品牌传播的制胜法宝。

[96] https://www.xchen.com.cn/shekezazhi/zgcbzz/677508.html.

习题：

1. 品牌的多屏策略在多屏时代，在新的受众、新的社会关系和新的需求面前"多屏共存、跨屏传播"将是新的生存方式，下列哪一个不是品牌内容生产具备的新特点？（　　）

　　A. 交互性　　　　B. 精致化　　　　C. 独特性
　　D. 社交化　　　　E. 随意化

2. 在文化经济中，消费者在相似的商品中作出选择时，通常不是比较其使用价值，而是比较其（　　）；从诸多商品中作出一种选择，就成了消费者对意义、快乐和社会身份的选择。

　　A. 经济价值　　　　B. 环保价值
　　C. 情感价值　　　　D. 社会价值

3. 下列哪个是在多屏时代"屏幕增多"表象背后品牌的内容生产特点中精致化的要求？（　　）

　　A. 为观众参与内容生产创造空间
　　B. 电视内容生产的传统优势
　　C. 变"内容位移"为"内容特制"
　　D. 从生产内容走向人际社交关系

4. 在多屏时代，在"屏幕增多"表象的背后是受众对媒介产品消费方式的改变及由此带来的媒介边界被打破。（　　）

　　A. 对　　　　　　B. 错

5. 在新媒体环境下，"观众"越来越多地和"＿＿""＿＿""＿＿"等称谓等同起来。

换个角度思考：

_____
_____
_____
_____

二、品牌的跨界营销

（一）什么是跨界营销？

扫码看视频

跨界营销是指根据不同行业、不同产品、不同偏好的消费者之间所拥有的共性和联系，把一些原本毫不相干的元素进行融合，互相渗透，进而彰显出一种新锐的生活态度与审美方式，并赢得目标消费者的好感，使得跨界合作的品牌都能够得到最大化地营销。

随着市场竞争的日益加剧，跨界（Crossover）现在已经成为国际最流行的字眼，从传统到现代，从东方到西方，跨界的风潮愈演愈烈，已代表一种新锐的生活态度和审美方式的融合。"跨界"关系可以使品牌在用户体验上进行互补，实现共赢！

例如：ofo携手士力架推出"饿货专享单车"（图4-14）。这种士力架专属的小黄车将登陆天津、成都。此外，在北京、上海、成都、福州、广东使用ofo小黄车的用户，有可能在骑行结束时收到一条免费士力架。

（二）跨界营销的成功基础

图4-14 饿货专享单车

在跨界营销风靡的时代下，人人都想分一杯羹，但我们若只是紧紧盯着跨界的影响力而去生搬硬套，不考虑自己品牌的特性，那么必定是花费了大量的时间、经历与金钱也得不到一个预期的效果。想要完成一个成功的跨界营销，必定要打下坚实的基础。下面从四个方面来分析跨界营销的基础打造。

1.跨界伙伴

在跨界营销战略中，对于合作伙伴寻找的依据是用户体验的互补，而非简单的功能性互补，更重要的是彼此品牌覆盖用户群体的互补。合作双方的用户群都有潜在需求，通过跨界营销，双方的用户群同时了解两个品牌，使得参与合作的品牌都能得到最大限度地曝光。

扫码看课件

2. 市场调研

跨界营销面对不同品牌的消费群体是有共性的，因此在策划跨界营销活动的前期必须对目标用户进行深入的市场调研，深入分析消费者对品牌的使用习惯以及其自身的消费习惯，找到最准确的消费共性作为营销和传播工作的强力依据。

3. 契合点

契合点是跨界营销中的精髓所在，好的契合点可以实现品牌共赢，生搬硬套的合作只会让消费者感到反感。双方合作的出发点是双方用户群对双方品牌都有需求，营销关键点就是找出双方品牌的共鸣点，从而让双方用户觉得两个品牌是非常自然地在一起的，进而接受营销信息，最大化地促进销售，并通过战略上的修正，在与合作伙伴的互动中，获得资源利用上的协同效应。

4. 整合资源，系统化推广

既然跨界营销的目的是通过合作达到单方面不能达到的影响力，那么在合作宣传中就要双方整合优势资源，火力全开地展开系统化、全面性的营销活动。跨界双方的共同点或营销中的共同利益是在推广渠道、推广内容、内容形式及传播周期等方面达成一致，进行系统化的全面推广。

（三）怎么做到 1+1＞2？——跨界营销的三种效果

跨界营销现在已经是各行业的"家常便饭"，部分受众已经表示审美疲劳，只是到了如今，营销人士对于"跨界"营销的重视已经远远超越了以往。

跨界营销的效果一般有三个层次：1+1<2；1+1=2；1+1>2。

一般 1+1<2 的状况大多是跨界合作品牌之间没有找到适合的契合点，生搬硬套，导致跨界合作品牌突然出现危机事件，但是大部分"跨界营销"还是在 1+1=2 的层面上止步不前，部分品牌在谈跨界合作的时候首先考虑的是双方对等，所以通常我们看到的"跨界合作"是知名品牌＋知名品牌，通过互借"躯体"的方式跨界。

1. 饮品界搞事王锐澳 RIO

新的消费时代，用户需求也变得更加多样化，作为饮品界搞事王，锐澳 RIO 联合 Six God 为广大奇葩少年推出了"体内外驱蚊套装"——锐澳·六神风味鸡尾酒。套装包含 1 瓶"外用"的六神花露水和 2 瓶"内用"的 RIO 花露水鸡尾酒，吸足了广大青少年群体的眼球，一瞬间火爆了各大社交平台以及微信朋友圈，这熟悉的绿瓶，完全还原花露水精髓的标签和 Logo！如果你拿着这个瓶子喝 RIO，你觉得很酷，但老一辈的人肯定以为这孩子傻了。

图 4-15　六神花露水味 RIO 鸡尾酒

透明的玻璃樽设计引用经典的六神花露水包装（图 4-15），打破了国货怀旧与潮流的界限。最新发布的预售还贴心地为各位附上了正确的饮用姿势，让你分分钟成为 10 万+ 点赞的 "网绿"。除了脑洞大过天的联名，RIO 还不忘搞起了饥饿营销——预售限量 2 500 组。呵，花露水都抢不到的时代。微博作为如今的热门传播方式，也有不少网红博主对这款 RIO GOD 作了测评，让我们一起来看看吧。

2. "能吃"的指甲油和"炸鸡味"防晒霜

在庆祝入驻香港 30 周年时，肯德基在美妆界迈出了一小步，推出了可食用的指甲油（图 4-16），指甲油的选色还是非常热门的复古红和奶茶白，涂起来非常显手白，它的亮点是指甲油具有肯德基特色的"吮指原味鸡"和"香辣脆鸡"两种味道。这样的指甲油是不是实现了你吃炸鸡吮手指又不怕被指甲油"毒死"的想法？再也不会被直男嫌弃了！

图 4-16　肯德基指甲油

趁着火热之势，肯德基又出了一款炸鸡味防晒霜。涂了这款防晒霜，可能会让吃货男/女朋友更爱你，让你散发无限吃货魅力，绝对是送给吃货朋友夏季礼物的不二之选。到这里又会有很多好奇宝宝跳出来问了："这货哪里可以买啊？""这东西贵不贵啊？"那我只能说抱歉，这款防晒霜是美国地区的限定产品，限量 3 000 瓶，从 8 月 22 日起到 9 月 30 日结束，而且不卖只送，可以从肯德基的官网申请获取，每人限定一瓶。据悉，活动刚开始 3 000 瓶就被抢空了，现在一些外网已经将防晒霜的价格抬到了 127 美元。

当然，以上的"跨界营销"是有一定的效果的，但是只停留在"1+1=2"的层次上，实现了品牌曝光率和使用率的增加。但是对于品牌塑造与品牌口碑传播，还是差了一个级别。在受众的心里都有一个"边际效应"：当其他投入固定不变时，连续地增加某一种投入，新增的产出或收益反而会逐渐减少。也就是说，当增加的投入超过某一水平之后，新增的每一个单位投入换来的产出量会下降。

那么，什么样的"跨界营销"才能达到"1+1>2"的效果呢？一句话可以概之：两个品牌在一起，要能演绎一个新的故事，并且这是个值得体验的故事。这就好比我们常说的：两个人结婚，要为彼此打开一扇新窗户，让彼此的世界更广阔。

(四)"1+1>2"的跨界营销要能演绎一个新故事

故事要有"4 个 W+1 个 H"中的 1 个或多个元素。

（1）What（主题）；
（2）When（时间）；
（3）Where（地点）；
（4）Who（人物）；
（5）How（方式）。

芝加哥艺术博物馆 +Airbnb = 入住"梵高的卧室"

当你还痴迷于梵高的画作时，已经有人"入住梵高的卧室"了！梵高的名画《梵高的卧室》（图 4-17），其中三个版本在芝加哥艺术博物馆展出了。和这三幅名画一起展出的，还有梵高的其他 36 件作品。为了推广这一展览，芝加哥艺术博物馆联合 Airbnb，在芝加哥 River North 区的一处房子里，高度还原画作《梵高的卧室》（图 4-18），并通过 Airbnb 接受入住预订，花 10 美元就可以体验到住在梵高画里的奇妙感。芝加哥艺术博物馆社交媒体负责人在 Instagram 上发布了一张自己入住"梵高的卧室"的自拍——他是入住这间卧室的第一位房客。而"梵高的卧室"在 Airbnb 上线仅几分钟，就被一抢而空！

《梵高的卧室》也有它自己的故事，画作创作于梵高旅居在法国南部小城阿尔勒期间。在弟弟提奥的生活费资助下，梵高在这里安了家。梵高设想着把阿尔勒的房子打造成一个"艺术家聚集地"，并写信给好友高更，邀请他来同住。梵高搬进房子没多久就画了自己的卧室，主要想让提奥看看他在阿尔勒定居下来的生活状况。朴素的床、椅子和洗脸用具等，都是真实的生活写照。画中的空间与他的风景画处理的方式相同，都采用后退空间感，色彩对比鲜明，让人产生愉悦感。

新故事：

What（主题）：入住"梵高的卧室"

Where（地点）：芝加哥 River North 区复建的"梵高的卧室"

图 4-17　《梵高的卧室》（油画）

图 4-18　"梵高的卧室"（实景）

How（方式）：通过 Airbnb 平台抢租

最后想说，我们追求跨界营销"1+1>2"，就是想花 1 块钱，产出 2 块钱或者更大的效果！

习题：

1. 品牌的多屏策略在多屏时代，在新的受众、新的社会关系和新的需求面前，"多屏共存、跨屏传播"将是新的生存方式，下列哪一个不是品牌的内容生产所具备的新特点？（　　）

  A. 情感营销　　　　　　B. 知识营销

  C. 网络营销　　　　　　D. 跨界营销

2. "跨界"关系可以使品牌在（　　）上进行互补，实现共赢。

  A. 用户体验　　　　　　B. 用户地理位置

  C. 用户细分　　　　　　D. 用户价值

3. 既然跨界营销的目的是通过合作达到单方面不能达到的影响力，那么在合作宣传中需要双方整合优势资源，火力全开地展开（　　）的营销活动。

  A. 情感化、全面性　　　　B. 系统化、创新化

  C. 系统化、全面性　　　　D. 情感化、创新化

4. 跨界营销的效果一般有三个层次（　　）。（多选）

  A. 1+1<2　　　　　　　B. 1+1=1

  C. 1+1=2　　　　　　　D. 1+1>2

5. 跨界营销策略中，对于合作伙伴寻找的依据是用户体验的互补，只是简单的功能性互补。（　　）

  A. 对　　　　　　　　　B. 错

6. 跨界营销的成功基础有？（简答）

换个角度思考：

_____
_____
_____
_____

第五章
皇帝的新装——品牌新媒体策略

扫码看视频

第一节 喜新不厌旧的年度传播主题及形式

一、年度传播形式该怎么玩？

品牌的年度传播模式都是喜新不厌旧的，每年一度都给予消费者惊喜，加深品牌在消费者心中的形象与扩张品牌的影响力。年度传播对于品牌来说，从来都是营销的必争之地。一方面，这是一个重拾与老用户之间情感联系、强化其品牌忠诚度的好机会；另一方面，借由大量的品牌曝光与口碑传播，也会带来数量相当可观的新用户。

年度传播主体可以聊什么？聊过去？聊成长？聊成绩？聊理念？聊未来？支付宝在10周年时聊的是"知托付"；腾讯在10周年时聊的是"越域"；百度在10周年时聊的是"联创未来"；麦当劳在登陆中国25周年时聊的是"摩登中国"的创意理念，每一个品牌都会在周年时做些大动作。

二、回顾历史足迹，引"怀旧"

不同品牌的设计者对待"如何庆祝品牌周年"这件事的想法并不一样。像肯德基这样接地气的大众品牌，走的是"情怀+促销"的套路，而对于号称"相机界的爱马仕"的徕卡这种品牌来说，则又是另一种路线。

2014年，徕卡诞生100周年。为了庆祝这一盛事，巴西广告公司F/Nazca Saatchi&Saatchi为其制作了一段两分钟的宣传片。在这部短片里，徕卡并没有展示自己的产品，而是还原了36张20世纪最经典的纪实照片。整部短片充斥着史诗般的质感，尽管并非所有照片都是使用徕卡相机拍摄

扫码看课件

的，但仍传递出一种它们都得益于徕卡诞生的这一概念。用历史照片的伟大烘托出徕卡品牌的伟大，徕卡用这一创意为自己的100周年做了注解。

说起洋快餐品牌，我们第一个想到的就是肯德基。1987年，肯德基（KFC）漂洋过海来到中国，在北京开设了第一家餐厅后马上就成为了城市的时尚地标，成了许多人童年的渴望。在那个时候，一块吮指原味鸡只要2.5元，但需要排上半天的队伍才能买到。在肯德基进入中国的第30周年，肯德基实打实地走了一条情怀路线，以"情怀"之名行"促销"之实，巧妙地抓住了消费者的怀旧心理又给予了消费者实实在在的优惠，疯狂地赚了一波好评，让最早被人们熟知的肯德基产品——吮指原味鸡和土豆泥的价格穿越回1987年，回归经典价格（图5-1）。品牌同时也在线上启动"我有炸鸡你有故事吗"的微博话题互动，运用新媒体进行广泛传播。你会发现，不论是围绕产品还是线上互动，品牌紧扣"30周年"的活动主题，打了一手"情怀"好牌。在快消时代，这无疑又是一次充满怀旧之情的博眼球的营销动作。

肯德基和徕卡两个品牌，尽管气质和产品迥异，面向的消费者也完全不同，但是有一个共同点：在它们所在的领域里，都拥有独一无二的地位。在大众眼里，提到洋快餐，第一个想到的就是肯德基；而每个摄影爱好者，也都以拥有一台徕卡相机作为终极梦想。从某种意义上来说，它们已跳脱了"品牌"这个概念，成为一种普遍共识，深植于消费者的脑海之中。而它们的这些品牌营销活动，也正是基于这一点展开。

三、加深品牌形象"我依然很棒！"

在年度传播中牢牢抓住品牌的优势作推广，比如，养乐多80周年庆的广告标题就是："养乐多诞生80年，一直持续思考关于肠内健康细菌的议题"（图5-2）。其内文大意是：增加肠道内益菌而减少恶菌会左右未来的健康，这种想法是公司创设以来一直重视的要点，如今从医疗到各行各业有众多倡议。今天以后，养乐多还是会持续将健康美味送到大家手中。"一直持续思考关于肠内健康细菌的议题"强调对用户健康的关心，

图5-1 肯德基30周年

图5-2 养乐多魔力瓶的80年"肠情往事"

普及益生菌知识，而这也是养乐多主要的营销切入点。

总而言之，就是为了告诉用户，这么多年我们一如既往地发挥自己的优势为你们服务，并且一直保持行业领先。

四、充满责任感，给予未来承诺

回顾过去之余，也有一些品牌向未来看齐。比如，宝马在 100 周年时制作了宣传片，聊的是"下一个 100 年"，与此同时，官方还发布了一款 BMW VISION NEXT 100 概念车，新车展示了宝马未来产品的设计方向，同时，该车还使用了诸多超前的高科技配置。而宝马集团高级设计副总裁霍伊顿克先生（Adrian van Hooydonk）评价说："创造宝马概念车'BMW VISION NEXT 100'的目标是设想一种人们能参与其中的未来方案……在未来，人、车与环境三者之间能无缝衔接。宝马概念车'BMW VISION NEXT 100'体现了我们是如何畅想这样的未来的。"

五、述说品牌故事，让品牌"升温"

品牌历史是讲自己的故事，但其实还有很多品牌选择了讲别人的故事，或者说通过别人的故事表现自己。农夫山泉 2017 年的广告通过《煮饭仙人》，传达品牌背后的价值观，提升品牌温度，传播品牌形象。

六、共同成长，感恩支持

Twitter 10 周年之际，与很多品牌类似，通过发布过去几年那些值得铭记瞬间的时间线、Twitter 小鸟形象 Logo 的演变史，简短地回顾了品牌历史。Twitter 还推出一份信息图片，展示过去 10 年来几件引人关注的大事，包括英国男子组合 One Direction 一位成员的分手宣言、Ellen de Generes 发布群星在奥斯卡颁奖仪式上的自拍照等。

此外，Twitter 还发布了一则 10 周年影片，一方面，感谢全球用户的支持；另一方面，更像是一份总结报告和质疑回应。短片回应了此前取消字数限制的传闻，Twitter CEO 表示，140 字符的限制是一种好的约束，它会给推特带来简洁感，这一点不会变。总结中重温的 Twitter 历史记录，包括与用户共同见证的重大事记，也从侧面体现了品牌的格调。（图 5-3）

图 5-3 Twitter 小鸟形象 Logo 演变史

七、博眼球，做联名设计发新品

借用周年庆发布、推广新产品，显然是最容易想到的庆祝方式。不过简单的卖卖卖已经激不起消费者的兴趣了，卖货格调不够，又配不上周年的名头。于是不少品牌挖空心思做了一些联名系列，尝试跨界，或致敬经典，发布限量产品。路易·威登在160周年纪念日邀请了6位世界知名艺术家，对 Louis Vuitton 经典的字母组合（monogram）图案进行全新设计，这6位设计师分属时尚、建筑和艺术等领域的行业领军人物，包括现任 Chanel 创意总监的 Karl Lagerfeld、红底鞋之王 Christian Louboutin、著名潮牌创始人川久保玲、知名摄影师 Cindy Sherman、建筑大师 Frank Gehry 以及工业设计师 Marc Newson。（图5-4）

图5-4 路易·威登160周年纪念日邀请世界知名艺术家

八、创新互动送"福利"

为庆祝香港快运航空（HK Express）成立3周年，来自香港的代理商 Secret Tour Hong Kong 为其制作了一条名为"Travel Like a Three-Year-Old"的宣传片。

随着我们逐渐长大，我们对于这个世界的好奇心被越来越丰富的生活经历所冲淡，我们害怕受挫，所以我们不敢冒险。那么，如果用3岁小孩的视角去看世界，会唤醒住在我们内心的那个探索者吗？（图5-5）

图5-5 用3岁的角度探索世界

另外，Secret Tour Hong Kong 还创作了全球首个网上音乐椅游戏。玩法简单，网站内全天候播着音乐，音乐一停下，玩家就可以抢机位赢机票！就像旅游一样，不需要多余的规则。

习题：

1.品牌的年度传播模式都是喜新不厌旧的，每年一度都给予消费者惊喜，加深品牌在消费者心中的形象与（　　　），年度传播对于品牌来说，从来都是营销的必争之地。

　　A.扩张品牌的影响力　　　　B.增强品牌的市场覆盖率
　　C.宣扬企业的狼性文化　　　D.促进企业全方位发展

2.品牌的年度传播是一个重拾与老用户之间的情感联系，并强化其（　　　）的好机会。

　　A.品牌价值　　　　　　　　B.品牌忠诚度
　　C.品牌可靠度　　　　　　　D.品牌共鸣

3.下列哪项不是品牌年度传播形式？（　　　）

　　A.回顾历史足迹，引"怀旧"　　C.述说品牌故事
　　B.加深品牌形象　　　　　　　D.开展年会

4.不同的品牌，对待"如何庆祝品牌周年"这件事的想法并不一样。（　　　）

　　A.对　　　　　　　　　　　B.错

换个角度思考：
___

第二节 媒体运用策略

一、传统媒体焕新颜

当今社会是一个信息时代，互联网为新媒体的快速发展提供了强大的技术支持，传统媒体不得不被动地接受挑战，新媒体因为时效性强、传播速度快、易操作、大众参与度高等特点，受到人们的青睐。因此，传统媒体不仅需要在客观上面对忠实受众流失的现实冷静分析形势的同时，还要审视自身的不足，并尽快找到在网络时代下传统媒体的应对策略。

（一）网络时代下传统媒体的应对之策

1. 基于受众的阅读习惯

传统媒体在制作上要符合受众的阅读习惯，例如，受众花费宝贵的时间阅读报纸，是要在报纸上用最短的时间找到自己所需要的信息。报纸需要瘦身，要让受众方便阅读和随身携带，在版面上要简洁化设计，内置导读页，基于受众的阅读习惯，调整内容与收费模式。

2. 强化传统媒体报道的信息关卡

传统媒体严格要求信息质量以及城市的操作能力仍然是其发展的优势，要得到有力的维护和加强。加强信息的质量、深度、广度以及信息呈现给人们的形式和技巧，都将是传统媒体的强大吸引力所在。信息不应该只求多，而应该求新求快，不应该是从网络上的直接粘贴复制，而是让专业人员对事件进行分析，再结合人们的需求进行深加工，将有营养的信息传播出去。

3. 与新媒体融合发展

在网络时代，传统媒体和网络媒体应该形成融合式的发展，通过传统媒体和新媒体的相互融合，可以形成媒体发展的协同效应，实现不同媒体之间的优势互补以及实现媒体资源共享，从而实现媒体发展的双赢目标。

4. 新技术拓展了传统媒体的更多可能

传统媒体通过新技术开发与用户之间的互动能力，使传播方式的玩法更多，让大众摆脱低头一族的消费者行列。

得到 APP——菜市场经济学（图 5-6）

图 5-6　得到 APP——菜市场经济学

品牌办展览、搞快闪已经是常见的套路了，已然满足不了广大消费者的需求，但是这次让人眼前一亮的是它把展览搬到了一个菜市场，要在菜市场里给你普及经济学，这可以说是拓宽了营销人员对传播媒体的认知。

得到这次菜市场经济学主题展是为了推广其 APP 中的一项经济学付费专利及其专栏作者的书。生活中的经济学在菜市场正好可以非常接地气地体现出来，主题和形式的契合度非常高，不会让人产生"只记住了展览却没记住品牌"的营销痛点。其实在我们生活周边还有许多的传统场景都可以挖掘，比如说城中村、许愿树、景点、大型超市、工业区、步行街等，只要宣传主题与场景相匹配，都可以作为媒体渠道进行合作或者投放。品牌推广并非一定要在抖音上面拍短视频，在线下包装个菜市场做主题展一样能起到很好的宣传效果，相信这次得到 APP 的菜市场经济学展，比各种在商场中庭举行的主题展的传播量都要大不少。

支付宝—公交广告牌的"土味情话"（图 5-7）

图 5-7　支付宝—公交广告牌上的"土味情话"

土味情话之势刚刚兴起，支付宝马上就做了一波公交广告的投放，广告画面以聊天对话形式言简意赅地表现出了支付宝的各种便民用处，比如，医院挂号、坐公交等支付宝官方事先做好的策划，投放的公交站台被路人在对话框中写上了一些涂鸦文字，具体内容类似于"土味情话"，让事情变得有意思起来，也引起了不少人的围观和主动传播。

通过路人涂鸦"段子"的形式，让这些公交站台的投放有了互动，而且成本非常低，引发关注带来的品牌收益要远远超过在上面涂写几个字。小小的几个字，让传统媒体出现了新的魅力。其实在公交站台、地铁站台等广告位上作出互动并不少见，有些是通过使用电子显示器、感应器的形式与路人进行互动，有些是在广告位中放置装置而不是平面海报，还有些是在广告画面中加入镜面或哈哈镜的特殊材质进行互动……但这些手法的成本都远远超过支付宝这次的涂鸦留言。支付宝通过媒介形式的创新，达到以小博大的品牌传播效果。在营销推广中，使传统媒介变得更加有趣。

案例一：让你戒烟的广告牌

瑞士 Hjartat 药店制作了一款聪明的广告牌，当广告牌检测到附近的烟雾时就会咳嗽，引起人们的注意，借此提醒人们戒烟："快戒烟吧，不然连广告牌都受不了你了！"

与现代技术结合使传统媒体焕然一新。在这类推广中，传统媒介不再是一成不变的，也不再是失效的。被赋予更多拓展性的玩法后，也许会让传统媒体比新媒体更有效。

案例二：让捐赠变得可感知

德国公益组织 Misereor 致力于帮助第三世界摆脱贫困。近日，它们制作了一个可以刷卡的广告牌："用 2 欧元，帮助一个被囚禁的菲律宾儿童获得新生"，The Social Swipe 在让人们的捐助过程变得简单的同时，也让捐赠之后钱的用途变得可感知。它们将数字技术与广告牌和信用卡验证系统相结合，在人们刷卡的时候，在屏幕上生成互动效果，给予用户流畅的体验。

案例三：《金融时报》如何逆袭

如何在生产高质量新闻的同时寻求新的收入来源已成为新闻界持续探讨的话题，英国《金融时报》在传统新闻业的整体颓势中逆势上扬。数据显示，在过去十年，《金融时报》的读者数量和收益均实现了上涨。就其转型及行业的未来发展等问题，《财经》记者专访了《金融时报》CEO 约翰·里德。在约翰·里德看来，"一个平台具有独特的属性和正确的商业模式，便可在激烈的竞争中突出重围，并在不断增多的新闻形态和数字渠道中占有一席之地"。

（1）调整内容收费模式，培养读者阅读习惯

约翰·里德调整了收费模式。约翰·里德认为调整后的收费模式是：给潜在的读者提供一个月的权限，用很少的费用，比如 1 英镑或 1 美元即可获取所有的报道。约翰·里德说，借此机会，读者可以看到《金融时报》丰富的新闻报道，这是为了培养读者的阅读习惯，让他们有机会真正欣赏我们的工作。这个模式非常有效，可以使读者在首月用很低的价格熟悉报道，使其花费更多的时间阅读报道，培养了他们的忠诚度与参与度，并很有可能将其转化为长期的订阅客户。

（2）商业模式的改变、收入构成发生根本变化

新闻媒体依赖广告和发行量的传统经营模式已经难以为继。约翰·里德说，对媒体而言，广告依然重要，我们喜欢广告，但是我们同样期待新闻产品可以带来更为稳固的收入基础。《金融时报》大多数的订阅用户是按年付费的，平均每位用户每年可以为我们带来 250～300 英镑的收入，这是一笔稳定且丰厚的收入。2017 年《金融时报》的内容和服务带来的收入占到总收入的 60%。正是付费订阅的模式，使《金融时报》拥有了 91 万付费用户，这是《金融时报》130 年的发展历史中用户数量的巅峰，数字渠道营造了一个非常好的商业平台。

（3）与新技术融合

约翰·里德说，对用户数据进行分析，使《金融时报》的在线广告可以根据不同的用户群体进行有针对性地投放。但是通过数字媒介，尤其是

订阅模式，我们可以清楚地了解读者究竟对哪些信息感兴趣。从这一点来看，即使这并不是我们启动付费阅读的原始动机，但已经迅速成为了网络付费的一个巨大优势。

通过订阅模式可以发现，很好地了解读者，意味着可以更有效地投放广告。而且相较于可以免费阅读的媒体，广告投放更具有针对性，广告客户对此同样表示认可。因此，我认为强大的订阅业务实际上有助于我们发展广告业务。

习题：

1. 下列哪个选项不是传统媒体的强大吸引力所在？（　　）
   A. 信息的质量　　　　　　B. 信息的广度
   C. 信息的速度　　　　　　D. 信息的深度

2. 在网络时代，传统媒体和网络媒体应该形成融合式的发展，通过传统媒体和新媒体的相互融合，进而形成媒体发展的协同效应，实现不同媒体之间的（　　）以及媒体资源共享，从而实现媒体发展的双赢目标。
   A. 相互竞争　　B. 优势互补　　C. 经济发展　　D. 科技创新

3. 网络信息时代下，信息应该（　　）。
   A. 求新求多　　　　　　B. 求多求大
   C. 求多求杂　　　　　　D. 求新求快

4. 下面哪几个是新媒体的特点？（　　）（多选）
   A. 时效性强　　　　　　B. 传播速度快
   C. 易操作　　　　　　　D. 大众参与度高

5. 新技术拓展了传统媒体的更多可能。（　　）
   A. 对　　　　　　　　　B. 错

6. 传统媒体在客观上面对忠实受众流失的现实，可以适当观看形势，然后再采取相应的对策。（　　）
   A. 对　　　　　　　　　B. 错

7. 加强信息的____、____、____以及信息呈现给人们的形式和技巧，都将是传统媒体的强大吸引力所在。

换个角度思考：

_____

_____

_____

二、户外交互式广告：品牌和你玩暧昧

户外广告（Outdoor Advertising），指在露天或公共场所运用室外装饰手段向消费者传递信息的广告形式；互动广告是确定的发起人通过包括受众和生产之间的交互行为的媒介方式对产品、服务和观点的有偿或无偿的介绍与宣扬信息的广告形式。

（一）户外交互式广告的创意方法

1.感知式互动法

图5-8　原研哉　松屋银座·白色松屋

人类对外界的体验能力来自于视觉、听觉、味觉、嗅觉、触觉五大感官。五大感官是人类用以明确传递感觉、情感、思想或其他体验的感官。人类会运用这五种感官感知事物，因此在设计互动性创意时，调用受众的感官越多就越仿真。所谓感知互动，是运用广告卖点信息对人的感觉器官加以刺激并接受的过程，是建立在对媒介的"补偿"和"仿真"的基础上，对受众产生效用的初始环节非常有效。只有让人们感知到广告信息的存在，并通过触及人类的感官让信息更加真实，取得消费者的信任，才会引起接下来的各种反应。

日本著名设计师原研哉设计的"松屋银座·白色松屋"（图5-8），据设计师介绍，开始设计的时候就想用新颖的方法让商品流动起来，但是尝试了多种方法都收效甚微。最后将其定为"看到，并能触摸"的主题，试图通过触觉方面的刺激，使人和物发生关系，让受众全方位地体会这一概念。所以，银座所有的广告都是围绕包容和触感来设计的。比如，建筑物外墙户外广告，设计师在整个建筑物外墙覆盖玻璃，在玻璃背面配置一些白色的铁板，白色铁板的表面规则地排列了许多白色圆点。这样一来，白色不仅仅是一种单调的色彩，同时还给人一种物质性的触感。室内平面广告除文字以外的其他图案部分都是在毛毡布质地的纸上用"刺绣"技法表现的，其目的就是围绕主题设计"有手感的感觉"的广告。这则室内广告还有一大设计亮点就是在广告的边缘缝上了"拉链"，并通过拉链把一张张招贴连接在一起，这样就可以很方便地把广告延伸到地下通道的墙壁上或圆柱等其他户外媒介上。围栏板户外广告设计，是在白色外壁设置了一个巨大的拉链，哪里完工，拉链就拉开到哪里。工程逐步地进行，拉链也一点点地向右拉开，它能让受众在银座逛街时感受到室内和室外所有的广告都是整体，给到银座逛街的人们传递出只有银座才会有的感官刺激。

2.体验式互动法

体验式互动的核心就是顾客参与体验商品。顾客的参与方式有的是被

动的，利用媒介的不同属性与商品卖点形成构思巧妙的创意，使顾客不由自主地成为广告的一部分；有的是出于受众本身的心理特点主动参与，运用消费者的好奇心理、参与心理来引导消费者主动成为广告的一部分，设计"人性化"的创意来满足消费。总之，一方面，人性化的体验把受众作为价值创造的主体，及时回应受众的情感诉求；另一方面，参与体验式互动的消费者通过创造性的消费来体现独特的个性和价值，获得更大的满足感。这种体验式互动法最大限度地反映出人性化的特点。

3. 情景式互动法

情景互动广告，是指让广告画面外的人或物体来参与的广告，是互动广告中的一种形式。户外环境是户外广告传播的载体和场所，户外广告必须投放在特定的环境中，其中每一处环境都有自身的形态和结构特点。情景式互动法是利用户外放置点的环境特点，塑造"情"和"景"，使受众有身临其境的真实感觉，达到心灵互动的效果。情景氛围的塑造是通过分析户外广告投放环境中的各种要素与商品信息之间的关系，使户外广告设计的造型、创意及广告内容与自然环境因素巧妙地结合起来，形成新的环境。

国际专业美发品牌威娜（Wella）旗下子产品 Koleston Naturals 是以天然染色颜色为推广定位的染发剂产品，目标市场是 25～40 岁健康、漂亮同时喜欢户外运动的女性。设计者将户外广告中女性的长发和五官镂空，通过镂空处可以看到天空和湖面等背景。随着一天之中各个时间段内光线的变化，路过的行人可以看到这位女性的长发颜色也在自然地发生变化。其巧妙地将产品的"天然染色颜色"诉求和大自然结合，使自然光线的变化过程扮演了广告传播载体的角色，又构成了广告传播内容不可或缺的组成部分，堪称人境融合的经典范例。（图 5-9）

图 5-9 德国威娜染发剂广告

（二）户外交互式广告的设计原则

1. 互动流畅原则

利用现代科技手段并结合一定的创意与受众产生良好的互动，增加户外广告深层次的信息量，从而使受众对广告有深刻的印象。

2. 品牌文化性原则

户外广告对商品信息的传播起到了巨大作用，同时，在企业品牌形象的确立方面也发挥着举足轻重的作用。

（1）要重视品牌塑造。关于绝对伏特加的传奇故事，我们应该都记忆犹新，其中，广告所表现出来的成功、荣耀、浪漫、舒适等意象都融合到了其品牌上，受众在消费这些商品的同时，心理上也获得了满足。在进

图 5-10　绝对伏特加品牌文化

行户外广告的创意设计时，商品信息与受众发生的每一次碰撞都应被视作是宝贵的机会。品牌营销胜败的关键就是能否把个性鲜明的品牌核心价值通过媒体植入受众内心深处。（图 5-10）

（2）要注重民族文化。户外广告应该在不同地区特殊的地域环境、经济状况、人文思想和民族习惯的影响下，适应城市的自然特征和人文特征，并与城市的历史文化风貌相融合，这样才能打破千篇一律的表现形式，富含民族气息和地方特色。

3. 城市景观性原则

户外广告作为城市景观的重要组成部分，被冠以"都市外衣"的美名。户外广告做得好就会被称为户外艺术，因此要将户外广告美化环境、增强城市文化艺术氛围同环境彰显、增强、传播广告信息的因素结合起来，使两者相辅相成、相得益彰。

4. 合适媒介原则

合理地应用媒介不仅可以让使用者在获得信息服务时感受到方便与快捷，还可以增添富于变化的、动态的视觉效果，以丰富城市景观的内容，给人以新鲜和具有趣味性的视觉体验及精神感受。同时，要注重体现人性化设计、最佳点位和经济适用性。

在德国，一种新的眼动追踪技能被应用于户外广告牌。国际特赦组织推出的反家庭暴力宣传中，户外广告作为主要的体现方式，其主题为"It Happens When Nobody is Watching"（它往往在没有人注意时发生）（图 5-11）。为了突出这一主题，广告牌装备了一种追踪眼动的摄像头。当摄像头捕捉到有路人在看这一广告牌时，画面便会显现一对恩爱的夫妻，而当路人转头不去直视广告牌时，等离子显现屏会主动变换画面，变成丈夫在殴打自己的老婆，形象地表达了公益宣传的主题。

图 5-11　反家庭暴力宣传广告

同样做到对媒介合理选择的还有 Kagulu（卡古卢），这个品牌为了推广它们的估价服务，开了一辆车到台北市中心，经过的每辆车被拍下来之后就会被实时估价。

习题：

1.（　　）指在露天或公共场所运用室外装饰手段向消费者传递信息的广告形式。

A. 网络广告　　　　　　　　B. 视频广告

C. 室内广告　　　　　　　　D. 户外广告

2.（　　）是确定的发起人通过包括受众和生产商之间的交互行为的媒介方式，对产品、服务和观点的有偿或无偿的介绍与宣扬信息的广告形式。

A. 互动广告 B. 杂志广告
C. 视频广告 D. 室内广告

3. 下列哪一个不是户外交互式广告的创意方法？（　　）

A. 体验式互动法 B. 感知式互动法
C. 单向互动法 D. 情景式互动法

4. 户外交互式广告的设计原则有（　　）。（多选）

A. 合适媒介原则 B. 互动流畅原则
C. 品牌文化性原则 D. 城市景观性原则

5. 户外广告对商品信息的传播起到了巨大作用，同时在企业品牌形象的确立方面也发挥着举足轻重的作用。（　　）

A. 对 B. 错

6. 品牌文化性原则要___、___。

7. 互动流畅原则是指？（简答）

换个角度思考：

___
___
___

三、网络富媒体广告：感官冲击新体验

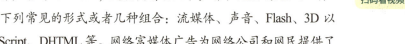

网络富媒体广告（rich media）是指具有动画、声音、视频或交互性的广告信息，包含下列常见的形式或者几种组合：流媒体、声音、Flash、3D 以及 Java、Java Script、DHTML 等。网络富媒体广告为网络公司和网民提供了一种全新的媒体体验。

（一）网络富媒体广告的特征

容量大于 50K 的网络广告；

多媒体运用，表现力丰富；

独特的智能后台下载技术，具有智能用户连接监测功能，可以充分利用空闲带宽；

较一般的网络广告更具互动性；

可以自动追踪用户行为，易于对统计广告效果的一系列指标进行监测。

（二）网络富媒体广告的形式

横幅广告（BANNER，旗帜广告）；

按钮广告（BUTTON）；

弹出窗口广告（pop-up ads，弹窗）；

浮动广告（floting ads）或飘浮广告（floaters）；

插播式广告（Interstitial）；

全屏广告（full screen）。

（三）富媒体广告设计表现的方法

图 5-12　淘宝造物节

造物节是淘宝私自"造"出来的，但相比"双十一"购物节名气差太多了。所以淘宝放出大招，找来以 HTML5（下称"H5"）交互创意闻名的 VML，还请来华晨宇定制毫无广告痕迹的新歌《造物者》。H5 制作 720°全景展示交互的立体空间，把平面的动漫插画转成 3D。广告于 7 月上线，恰好给那些经过半年创意压榨，昏昏欲睡的广告人一记提神重拳。之后，引发国内 2016 年下半年 H5 全景的创作热潮，包括天猫双十一的新玩法"一镜到底"（图 5-12）。

对于技术密集的富媒体广告来说，如果一味地强调富媒体技术层面的因素而忽视广告本身的表现性技巧，那么，富媒体广告的传播效果会大打折扣，其生命力也不可能长久。应该说，技术创新和表现创新是富媒体广告生存与发展的双刃剑。

由于尚处在不断健全与发展的阶段，目前的富媒体广告基本上以满足人的互动为根本，把视频技术应用作为富媒体广告设计与表现的中心，不少作品仅是把视频、音频和交互等引入富媒体广告设计中，而充分挖掘技术潜力进行广告创意与创新性的设计表现则还不够。因此，如何利用高科技去创造富媒体广告设计的崭新表现方式，找到艺术与技术的完美结合点使两者有机地统一，是需要解决的问题。

1. 创意的出发点：互动性

作为网络广告的一种新形式，富媒体广告的受众是最年轻、最具活力、受教育程度较高、购买欲最强的群体，他们受现代社会视觉文化熏陶已久，视觉经验丰富，对富媒体广告的创意要求也颇高。这就要求富媒体广告在设计中要将创意进行到底。

互动性是互联网作为媒介的独特优势，人机交流的互动方式证明了互联网的互动性在沟通中的巨大潜力。"充分发挥互联网的双向互动优势，利用计算机终端的丰富表现形式是对广告创意的巨大挑战"。所以，就创意而言，互动性是富媒体广告独有的性质，也是其广告创意思考的出发点。

第一,这种互动是实时、多次和持续的互动。这样的互动使人机的交互更有可能胜于人与人、面对面的互动,因为它充分利用了计算机的多媒体功能,它使交互可以借助图形、声音等超越交互双方的知识范围。

第二,由于互动形式的存在,富媒体广告可以最大限度地调动受众的各种感官,让其在最短的时间内感受到广告产品的特性、优点,突出产品的体验感。这种效果在手机、相机、汽车等高消费品的广告中作用特别明显。

第三,互动式体验充分尊重受众的选择权和主动性,以受众喜爱的形式吸引他们主动地去逐步点击广告内容。一旦受众作出了选择点击广告条,其心理上已经获得了认同,在随后的广告双向交流中,广告信息可毫无阻碍地进入其心中,不仅增强受众对产品或服务的好感与亲和力,而且实现了信息有效传达的目的。互动式广告出现在网络富媒体广告中,比弹出式广告与浮动式广告更富人性化,其界面与创意设计风格得到人们的青睐。

可以说,"我们的创意不只是在创造一个好的广告,同时还创造了一种与消费者沟通的方式"。

"我们的精神角落"这个标题十分精准,对于老豆瓣人来说,甚至是直击灵魂。这个密室解谜游戏包括5个章节——眼、耳、鼻、口、大脑(图5-13),在豆瓣逐一对应看(电影)、听(歌)、闻(书香)、喝(鸡汤)、思考(人生)。它是大家混迹网络社区引以为常的活动,却被设计成我们精神世界的寄托。H5页面的每一部分都是对用户的耐心和智力的考验,插画设计也堪称一绝,这个广告在国内各大广告节上大获全胜。

图5-13 豆瓣:我们的精神角落

2. 表现形式:注重娱乐性和服务性

通过趣味瞬间使人愉快、吸引住人们的视线,是提高广告效率的最重要的原则。

当今社会是以人为主体发展经济的。富媒体广告的设计与制作始终要以市场为基础,以消费者为中心。为达到有效传播的目的,富媒体广告应充分利用富媒体的视觉环境语言达成良好的人际沟通,合理巧妙地选择表现形式,以提升广告传播质量。

这是宝马的一则广告,"什么新闻?""为什么被快速删除?"好奇害死猫,这样的标题配合一个假装被删除的感叹号,让一堆吃饱没事干的人点进去了(图5-14)。但点进去一定不会让你失望,因为宝马这个40秒的视频实在太带感了!为了保证画面衔接自然,原创团队在动效、音效上下了狠功夫,比如,一开始纸张褶皱的效果在确定创意脚本后反复推敲了数十次。

图5-14 该新闻已被BMW快速删除

目前,传统的网络广告表现形式已经受到冲击,富媒体广告不仅仅是满足传播广告信息这一单一功能的需要，而是日趋多功能化，要满足不同人群多方面的需求。信息时代遵循的是一种"互惠经济"原则，其要义不在于索取而在于奉献。"按照互惠经济的原则，要想赢得受众的注意，在设计富媒体广告时，应考虑给受众带来某些利益"。

因此，富媒体广告利用先进的技术支持为受众提供了更易接受的既有互动性又充分娱乐化的表现形式，充分考虑受众的感受，以充满情趣的表现方式来愉悦他们，吸引其主动欣赏广告、参与互动。受众可以通过富媒体广告玩网络小游戏，可以通过广告直接购物，可以观赏简短的流媒体电影，等等，这样的表现形式能够获得更好的传播效果。

2018年，为响应"5.18国际博物馆日"的主题——"超级连接的博物馆：新方法，新公众"，7所博物馆纷纷选择入驻抖音视频平台，并联合发起"嗯！奇妙博物馆"话题挑战，邀请公众采用抖音最流行的拍摄玩法，领略博物馆的魅力。而横扫朋友圈、引起巨大关注的"第一届文物戏精大会"便是此次活动的宣传视频。从5月17日晚7点上线，截至5月21日，数据统计"文物戏精大会"的累计播放量突破1.18亿，点赞量达650万，分享数超过17万，短短4天所获得的播放量便远超大英博物馆2016年全年的总参观人次。

习题：

1. （　　）是指具有动画、声音、视频或交互性的广告信息传播方法。

　　A. 平面广告　　　　　　　　B. 杂志广告

　　C. 系列广告　　　　　　　　D. 网络富媒体广告

2. 下列哪个选项不是网络富媒体广告的形式？（　　）

　　A. 横幅广告、按钮广告　　　B. 卡片广告、杂志广告

　　C. 弹出窗口广告、浮动广告　D. 插播式广告、全屏广告

3. 目前，传统的网络广告表现形式已经受到冲击，富媒体广告不仅仅是满足传播广告信息这单一功能的需要，而是日趋多功能化，要满足不同人群多方面的需求。（　　）

　　A. 对　　　　　　　　　　　B. 错

4. ____和____是富媒体广告生存与发展的双刃剑。

换个角度思考：

_____

_____

_____

四、体育赛事广告：围栏也不安分

扫码看视频

新媒体技术日臻成熟，受众越来越广泛，新媒体对社会政治经济文化带来的影响是巨大的，对体育知识的普及、体育精神的传播，以及体育副产品的营销也带来了重大的影响，能拉入更多的受众参与到对赛事的关心和期待中。

体育赛事广告是指广告主以付费的方式有目的性地通过体育赛事活动在媒介上向公众传递产品、劳务等方面信息，以达到良好的大众传播效果。

与普通广告不同，一般商品广告在播放后，感受就停止了，但是作为体育赛事及其广告，拥有特别的体育文化特点，观众对其中所展现的场景或体育明星往往有特殊的收看效应，"观看后的回味"成为赛事消费的持续，并拥有持久的传播效应。也许受众会在赛事结束后仍然进行讨论，或是对广告中出现的明星代言或使用的商品进行购买，往往这场赛事所受的关注度越高，受众参与人数越多，这种效应也就更明显，对于赛事和其间广告的回味也就越长久。

例如，美国的"超级碗"赛事。"超级碗"可以说是北美体坛的超级盛事了，而橄榄球主赛场的中场秀更是世界顶级的 live show，被大家戏称为"美国的春晚"，每年除了橄榄球赛事本身，充满着科技元素的广告也是赚足了眼球，"超级碗"上展示的中场广告，都可以说是创意教科书、优秀广告展。著名品牌纷纷针对"超级碗"做了专门广告进行宣传，赛事的受众价值被这些品牌和广告代理公司挖掘成为一种艺术，而如何将赛事中观众的体验和兴趣同消费心理结合起来，成为体育广告的核心价值，值得挖掘。对于企业来说，大型体育赛事就是一个品牌传播地，由于体育赛事的传播度和关注度，企业品牌的知名度也跟着提升。

扫码看课件

百事可乐在即将迎来自己 120 岁生日之际来了场回忆杀，请来了超模辛迪·克劳馥，这是继 1992 年之后，辛迪·克劳馥带着自己的模特儿子再次和百事可乐合作、回归"超级碗"，其中多个经典影音的镜头和人物串烧让百事可乐的这次怀旧风走得更彻底。美国灵魂音乐家雷·查尔斯、迈克·杰克逊、德鲁大叔、小甜甜布兰妮，还有"来自未来的百事可乐"上演穿越大戏，来了一场速度与激情的表演。这则广告证明，怀旧也可以很燃。百事可乐的主题是"Celebrating Every Generation——属于每一代的百事可乐"。有趣的是，其中的一句台词"依旧势不可当"不知道是不是对可口可乐的挑衅啊！

全球广告大户宝洁每年都会派出旗下小将出征"超级碗"，前一年是清洁剂喷雾 Mr.Clean（朗白先生），后一年是 Tide（汰渍）。单看广告名字，想必你就已经猜出这个广告不同寻常了。而广告如其名，为了让观众知道这是汰渍的广告，这支广告里一直都在重复一句台词——这是汰渍的广告（It's a Tide Ad），相当简单粗暴，除此之外，它还混淆视听，占了多个品牌的便宜。广告开头，演员大卫·哈珀驾驶着汽车呼啸而过，会让你以为这是则汽车广告（奥迪），但之后他又出现在酒吧里，你又觉得这可能是则啤酒（百威）广告，但最终他公布的答案却是"这是汰渍的广告！"，而当被问起这为何是汰渍的广告时，哈珀的回答同样令人哭笑不得，"因为广告的每个镜头中都有干净的衣服"。

（一）体育赛事中的广告策略

1. 体育赛事中的微营销策略

创新是个老话题，永远都是突破点，互动则是新趋势，在当今的媒体社会，互动成为 种社交常态，互联网以及移动互联网使每个人都不仅仅是看客，而且还是评论者、参与者和推进者，这就要求体育广告有强烈的感染力、带动力，并能带动线上传播、线下传播等各种形式活动，让受众亲身参与到传播活动中来，使品牌和消费者充分互动。品牌诉求可以根据不同的阶段、针对不同的目标受众、在不同的媒体环境中做相应的调整和变化，因此，品牌想要通过赛事与消费者沟通，也在一定程度上决定了什么品牌选择什么样的赛事，以及其在赛事植入中的表现形式和内容。

2. 体育赛事中的搜索广告策略

搜索引擎成为现今最为有效果的信息过滤器，自2010年搜索引擎使用率首次超过网络音乐，成为网民的第一大应用对象。在信息迅速膨胀的今天，传统门户网站地位有所下降，而搜索引擎随着互联网的发展，越来越显现出新门户的特点。人们百度、Google到自己喜爱的体育赛事的最新消息，并通过Twitter, Google Reader、Face book以及任何提供广播机制的地方，和朋友们分享自己喜欢的链接，群体筛选出值得注意的内容。

新媒体环境下，使得赛事不再稍纵即逝，更多的年轻人喜欢将青睐的赛事保存下来，在空闲时光里进行观赏，而不再选择用传统的电视来观看这场比赛。传统的电视广告的效力将大打折扣，而网络视频搜索引擎将发挥它的功效。

3. 体育赛事中的贴身广告策略

现代社会，人们的时间与注意力被打散，而移动终端恰恰以"轻姿态""补丁型"媒休形式出现，将生活间隙填满。基于移动互联网的"贴身广告"形态将现代社会的碎片化时间一网打尽，正深度满足现代社会的媒介消费需求。手机终端越来越强大，朋友们不再是约去酒吧观看一场赛事，而可能在车上或是任何一个地方,在手机上一起围观一场精彩的比赛,分享自己的心情。

在2014年世界杯期间,开幕几天前YouTube网站上出现了一段5分钟的视频,内容是巴西球星内马尔、乌拉圭球星苏亚雷斯、德国球星马里奥·格策(Mario Goetze)、荷兰球星罗宾·范佩西(Robin van Persie)、墨西哥球星哈维尔·埃尔南德斯(Javier Hernandez)及其他一些球员佩戴着Beats耳机。这段视频名为"赛前之赛"(The Game Before the Game),观看次数达到了1 060万次。Beats虽然不是FIFA的有效赞助商,但是它通过YouTube这种网络传输速度最快的社交平台迅速传播自己的品牌广告,并且利用世界杯的热度以及球星的影响力进一步吸引观众的眼球,吸引受众购买产品。

习题:

1. 现今最有效的信息过滤器是( )。
A. 朋友圈　　　　　B. 搜索引擎　　　　　C. 微博
2. 下列哪些属于移动终端的特点?( )(多选)
A. 小屏显示　　　　B. 轻姿态
C. 补丁型　　　　　D. 难以移动
3. 在当今的媒体社会,互动成为一种社交方式的常态。( )
A. 对　　　　　　　B. 错
4. 对于企业来说,大型体育赛事就是一个品牌传播地。( )
A. 对　　　　　　　B. 错
5. 体育赛事广告是指广告主以____的方式有目的性地通过体育赛事活动在媒介上向公众传递产品、提供劳务等方面信息。

换个角度思考:
_____
_____
_____

五、RTB广告:你自己看着办

RTB广告:RTB是一种新的互联网广告投放模式,全称为Real Time Bidding(实时竞价),是一种利用第三方技术在数以百万计的网站上针对每一个用户(这里的用户指的是广告主)的展示行为进行评估以及出价的竞价技术(图5-15)。

扫码看视频

图 5-15　中国移动 RTB 市场格局

2002 年之前，网络广告以新浪、搜狐等网站品牌广告为主，采取包断模式，固定广告位。2002 年到 2011 年，搜索引擎关键字"广告"快速增长，逐渐赶上展示广告的市场份额。从 2011 年开始，互联网广告行业发生了新的变化，展示广告领域出现实时竞价 RTB 技术，传统的媒体投放已无法满足广告主越来越精准的投放要求。

（一）RTB 广告运作模式（六个必要条件）

在详细了解 RTB 广告之前，我们需要对 RTB 模式的广告产业链有一个基本的了解，其主要包括以下 6 个角色。

（1）广告主：想为自家品牌或产品做宣传的企业，例如小米、华为、蒙牛等。

（2）DSP（Demand-Side Platform）：需求方平台、即广告主的需求代理平台，主要是为广告主提供跨媒介、跨平台的广告投放服务。以腾讯社交广告投放平台为例，它能够为广告主推广移动应用，推广品牌活动，推广本地生活服务，从而使广告主获得潜在粉丝的关注，实现营销目标。

下面举例来解释一下什么是需求方平台。

比如，想要精准地投放魅族手机的一个新机发布的宣传广告，在各大网站如网易、新浪等地方投放这条新机信息，但如果一个一个地去跟这些媒体谈的话，不仅时间成本高，效率也非常低。于是魅族选择了一个需求方平台、把打广告的钱交给这个平台，然后在这个平台里选择想要投放的媒体，比如网易、新浪等，然后就跟我们平时在淘宝购物一样，完成结算。这样的平台就是 DSP，里面有很多的 SSP 所提供的媒体。DSP 平台可以实时地给广告主提供曝光量、点击量等数据，实时展现广告投放效果。

（3）媒体：是提供广告展示位置的载体，例如 APP、各大网站、电视台、杂志、楼宇等。

（4）SSP（Sell-Side Platform）：服务于媒体的"广告位供给方平台"，

为拥有广告位的媒体提供推广，为管理信息推广、精准定向、收益优化、内容控制和效果监控等服务。

（5）AD Exchange：又称"广告交易平台"，是能够将多家媒体与多家广告主、广告公司链接在一起的在线广告交易市场。其本质上就是中介，帮广告主找媒体广告位，帮媒体找广告主。

（6）DMP（Data-Management Platform）："数据管理平台"，主要通过全面整理各方数据，深度建模和细分人群，为基于用户数据的 RGB 精准投放提供有效数据支撑。

以上 6 个角色是实现 RTB 广告投放模式的必要条件。

当多个广告主同时把某个媒体的某个广告位买下来时，就需要竞价了。

比如，当魅族手机（图 5-16）把 UC 头条的某个广告位买下来的同时，也有好多其他的广告主也买了这个广告位，刚好华为也有新机发布，也买了这个广告位。那么，谁当前给的广告位费用高，UC 就会展示谁的产品。这就是实时竞价模式。这个竞价计算是在 100 毫秒之内完成的。

图 5-16　魅族手机

那么一次精准的 RTB 广告投放又是如何实现的呢？

这几个平台之间是这样互相配合的：比如，当一个用户正在浏览网易新闻首页，该网页上恰好挂了一个 RTB 广告位，此时 SSP 平台会向 AD-Exchange 平台索要广告，当 Adexhcange 收到这个信息后，它会向每一个接入它的 DSP 发消息说："这里有一个网易新闻的广告位，想买的可以出个价。"然后，DSP 平台内接入的各家广告主会将 DMP 为自己分析的目标消费者画像与浏览此网页的用户画像进行匹配度测验，匹配度越高越愿意出高价购买此广告位。最后，浏览此网页的用户就看到了竞价成功后的广告主的广告内容。

一方面，这正是广告主想要的目标受众；另一方面，看到广告的用户也恰巧对此类信息的广告有需求，从而直接提升了广告主所推广的产品或服务的销量，实现了精准化营销。

（二）RTB 广告特点

RTB 广告的特点在于精准化投放，广告平台（即供应方平台：互联网广告提供者 SSP）售卖的不仅仅是传统意义上的广告位，而是访问这个广告位的具体用户，根据访问用户的兴趣爱好、年龄大小、地域以及网上的浏览习惯、对什么样的产品感兴趣，系统推荐相关度高的广告，投其所好，产生最大的收益。

RTB 广告模式可以允许广告主根据活动目标、目标人群以及费用门槛等因素对每一个广告位以及每次广告展示的费用进行竞价，竞价成功后获得广告展示机会，在展示位置上展示广告。这样的精准用户在互联网海洋里可是稀缺资源。商家期望获得在这些用户面前展现自己的机会，因此RTB广告放大了网络广告的指向性和精准度。

（三）RTB广告优势

1. 节省广告费

对比传统的广告投放，RTB能够节省30%～60%的广告费用。

2. 精准投放：把好产品告诉需要的消费者

RTB是一个能够购买"受众"的广告方式，广告主可以选择个体的年龄、性别、学历、收入、地域、上网行为、行业偏好、购物偏好等标签，进行有效的广告投放。

3. 效率高：可以尽快获得大量消费者

RTB广告投放模式整合了多家网站媒体资源、APP媒体应用和海量移动设备的DMP资源，广告主不需要考虑在哪个渠道投放，因为RTB会选择最优的渠道组合。无论用户处在互联网的哪个地方，RTB都会在几十毫秒的时间内，通过程序化自动运作，在合适的时间、准确的地点，面向精准的受众，展示恰当的广告，从而获得更高的投资回报率。

注意事项：虽然以RTB投放的广告表现远超于一般展示广告，但是RTB绝对不是任何广告主都应该投放的渠道。广告主必须了解各个广告渠道的特性与相互间的作用力，并做出有效的预算分配，以求扩大受众覆盖，同时提高定位精准度，实现广告效果的最大化。

若RTB投放效果不理想，可能是因为投放的时间过短，并没有优化到足够合理的程度；或者是因为广告主的投放定位可能有问题，欠缺有效的投放策略；又或者是因为广告的创意形式不够动人等原因。

（四）投放方案

接下来以满记甜品[97]RTB广告投放为例进行分析。

1. 满记甜品营销痛点

甜品行业以大众消费为主，但大众总会下意识认为甜品更适合夏天，影响了冬季的销售，行业整体呈高频低消的消费趋势，需要不断招揽新客进店消费。

2. 满记甜品营销目标

（1）扭转消费者的认知偏差；

[97] https://e.qq.com/success/8393/?showtype=2.

（2）精准触达目标消费人群，成功揽客进店；

（3）深化品牌形象，实时掌握广告投放效果。

3. 满记甜品的广告投放举措

（1）投放手机 QQ 浏览器信息流广告（图 5-17），扩大品牌曝光，全面升级品牌形象。手机 QQ 浏览器日活用户超过 1 亿，使用用户以平均年龄在 23～40 岁的优质年轻群体为主；借助 TBS 腾讯浏览服务对用户内容消费数量进行全方位分析，覆盖 70% 的网民；资讯阅读打造沉浸式广告投放环境，利用具有视觉冲击力的产品图与优惠信息吸引用户点击。

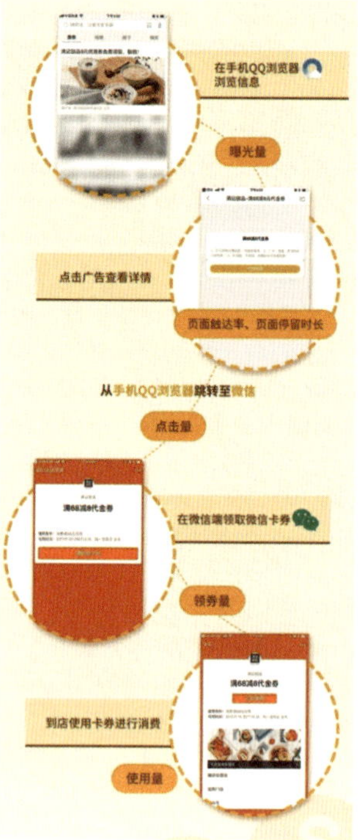

（2）LBS 地理位置定向灵活打点，精准触达以门店为中心的目标客户，轻松揽客进店。满记甜品将广告投放在西安、武汉、广州三座城市，通过 LBS 地理位置定向，精准锁定门店附近 5～10 公里范围内，18～40 岁具有消费能力的常住人口。

（3）通过微信卡券，持续建立用户对满记甜品的品牌认知，帮助广告主追踪广告投放效果。微信卡券到期提醒，二次刺激用户到店消费，加深品牌形象；腾讯社交广告全程监测转化数据，广告主实时掌握广告投放效果。

图 5-17　QQ 浏览器投放方案

（五）投放成效

同样以满记甜品 RTB 广告投放成效为例。

在综合运用多种社交平台进行立体化投放后，满记甜品仅在手机 QQ 浏览器这一平台就收获了 317 万次的免费品牌曝光，刺激更多潜在客户到店消费。

同时，也通过 LBS 地理位置定向精准触达以门店为中心的目标消费者，页面触达率为 76%，页面平均停留时长为 20 秒，成功传递健康、温馨、休闲的品牌形象，顺利揽客进店。

习题：

1. 下列哪一项属于新的互联网广告投放模式。（　　）

　A. 固定广告位　　　　　B. 搜索引擎关键字广告

　C. RTB 广告

2. RTB 模式广告产业链中的 DMP 是什么？（　　）

　A. 广告交易平台　　　　B. 数据管理平台

　C. 需求方平台　　　　　D. 广告位供给方平台

3. 下列哪些是 RTB 模式广告的产业链？（　　）（多选）

　A. 广告主　　　B. DSP　　　C. 媒体　　　D. SSP

4. RTB 模式是任何广告主都应该投放的渠道。（　　）

　A. 对　　　　　　　　B. 错

5. RTB 广告模式可以尽快获得大量消费者。（　　）

A. 对　　　　　　　　　　B. 错

6. RTB 广告的特点在于_____投放。

7. RTB 广告的特点和优势是什么？（简答）

换个角度思考：

_____
_____
_____
_____

六、智能快递柜：现代人的到此一游

扫码看视频

（一）解决快递配送最后 100 米的问题

1. 智能快递柜出现的背景

随着网购的普及，"收快递"成为很多人日常生活中必不可少的一件事。但是快递送上门，你若不在家，又找不到人帮你代收，这就尴尬了。智能快递柜的出现很好地解决了这个问题（图 5-18），智能快递柜又称自助提货柜、智能提货柜、智能快递存储柜、智能快递箱等。它集成了物联网、智能识别、动态密码、无线通信等技术，能够实现快递邮件的智能化集中存取、指定地点存取、24 小时存取、远程监控和信息发布等。它的出现极大地改善了快递的投送效率及用户包裹的存取体验。

图 5-18　顺丰快递柜

对用户来说，包裹送到小区人不在家时，快递员就可以把包裹放到柜子里。然后给用户发一个提取码，这样就不必再去麻烦别人代领快递了。

对快递员来说，有了智能快递柜后，他们的派件量增加了。之前他们经常遇到收件人不接电话或不在家的情况，来回要跑好几趟才能将快件派送出去。有了智能快递柜后，如果收件人不在家，他们会把快件放进智能快递柜里，再给收件人发送提取码，收件人凭提取码即可完成自助取件。（图 5-19）

扫码看课件

图 5-19　智能快递柜使用流程

除了基本的取件、寄件功能之外，一些快递柜也为用户提供洗衣服务、修手机服务等。将快递柜线下设备连接人、连接服务，再延伸至社区生活服务等高度垂直的消费场景时，就把快递柜逐渐打造成了社区综合服务平台。

2. 智能快递柜——全新的广告载体

由于智能快递柜自身具有公共区域陈列、展示的天然属性，广告业务很自然地成为快递柜的一项收入来源。在智能快递柜上投放广告又可分为线上和线下两大部分。

（1）线上广告

智能快递柜为用户提供便捷、高效的线上寄件服务，商家广告可以在快递柜的 APP 上投放，用户可在快递柜 APP 上直接跳转到商家网页页面。商家可通过后台随时浏览用户数据，了解用户的分布、年龄层次等信息，可实现快递柜用户向商家用户的转化，进行资源整合。用户每使用一次快递柜 APP 都将接受一次商家的广告。除此之外，快递柜的微信公众平台也可以对商家进行宣传推广。

商家在柜面广告大面积铺设后，智能柜会根据商家的营销节点进行线上全方位的配合。举办多种多样的社区活动，增加用户使用量或产品购买量，形成产业闭环。

（2）线下广告

线下广告主要集中在柜身和主机屏幕两个位置，商家可以将宣传广告置于柜体或屏幕上。智能快递柜广告覆盖人群消费活跃、购买力强，是网络购物的主体人群。在柜体上投放广告，使这些用户利用碎片化时间获取商家的信息，从而实现高效率转化。

社区快递柜年使用量巨大，能够影响庞大的用户群，也能精准触及电商目标用户，所以说利用智能快递柜在线上线下投放广告是可行的。从线下的柜体广告、柜屏广告，再到线上移动端广告，智能快递柜作为新的广告媒体，可以通过各种载体实现品牌与用户的线上线下交互，为品牌商带来精准的目标用户。

3. 案例分析：丰巢智能柜的广告形式

（1）柜体品牌贴。最大可实现 15 平方米的社区大面积广告信息展示，任意定制广告画面，强势输出品牌信息。

（2）液晶屏广告。21 英寸国内最大快递柜操作屏与用户深度交互；静态屏保，多张轮播，抓住用户第一注意力，伴随取件操作，增加引流概率，生动释放品牌信息。

（3）微信取件通知广告。丰巢公众号是 3 000 万活跃用户的共同焦点。

品牌信息嵌入用户必看的取件通知，日均推送达 300 万条，将为品牌引流注入持续动力。

（4）样品分发。借助数据平台锁定目标用户，通过线上宣传申领入口，引导用户在丰巢柜中领取商家样品，商家可将问卷调查、产品体验、推广信息结合，提升品牌宣传效果。

习题：

1. 下列哪项属于智能快递柜的线上广告投放方式？（　　）

A. 柜体品牌贴　　　B. 在快递柜的 APP 上投放广告　　C. 柜屏广告

2. 下列哪些属于智能快递柜的集成技术？（　　）（多选）

A. 智能识别　　　B. 物联网　　　C. 动态密码　　　D. 无线通信

3. 商家在智能快递柜的 APP 上投放广告属于线下广告。（　　）

A. 对　　　　　　B. 错

4. 智能快递柜的出现极大地改善了快递的投送效率及用户包裹的存取体验。（　　）

A. 对　　　　　　B. 错

换个角度思考：

_____

_____

_____

_____

七、HTML5 广告：技术与艺术的结合

（一）什么是 HTML5 广告？

在了解什么是 HTML5 之前，我们要先知道什么是 HTML。现在互联网早已成为我们日常生活中必不可少的一部分。当你刚看到一个很炫酷的网页，觉得不错，于是马上粘贴了网址分享给朋友，或是分享到朋友圈，然后你就会看到了朋友"好酷、好炫"的评论。你绝对不会怀疑朋友看到的页面和你当前看到的会有任何差别，你甚至会觉得这是自然而然的事情。

能够实现把网页发给谁都不会变样子，而且在任何设备上都能够保证一致性，是因为它们遵循了同一种语言法则，网页才能从一个端口把信息传递到另外一个端口而不变形。就像我们日常使用的普通话一样，在经历了大量的尝试与应用、推广与迭代之后，网页语言也沉淀为一种国际语言——HTML（网页编写的国际语言）。HTML 目前已历经了 5 次重大修

改,所以就有了 HTML5(下称"H5")这个称呼。

现在我们所说的 H5 广告指的就是利用 H5 技术实现的互联网广告,泛指那些在网络社交媒体中传播的带有特效、互动体验和声效的网页。需要注意的是 H5 广告不止是在手机端可以实现,它是一种基于互联网的网页编程语言,手机端广告只不过是其中的一个点而已。

H5 广告的表现形式(图 5-20):可以将图片、文字、视频、音频等多媒体形式融合在一起,丰富多样的表现形式使广告主能以用户为导向,针对不同品牌、产品、活动等选择不同的表现形式。H5 在处理文字、图片、音频、视频等元素混合排版的页面,以及根据用户操作实时渲染图像和动画等方面具有显著的优势,很好地满足了广告创意内容的丰富性。

图 5-20　H5 广告的表现形式

(二) H5 广告的优势

相对于报纸、广播等传统媒体来说,互联网在品牌传播方面的优势显而易见,尤其是移动互联网所带来的影响力是前所未有的。H5 页面正是利用移动互联网的特色在品牌传播中发挥其自身优势和价值。H5 页面在品牌传播中的优势如下:

1. 功能强大,用户体验佳

H5 视频播放起来更流畅清晰,也更省电;H5 游戏小巧流畅,画面质量高,操作易上手;H5 广告摆脱了以前网页广告的悬浮、滚动和弹出,广告也更容易让用户接受。

2. 互动性

互动是 H5 广告区别于其他传统广告最具魅力的所在。传统广告如平面海报基本上是无法实现与受众的互动的。传统的互联网广告发出的互动信息也常常被认为是垃圾信息或是不可信的信息而被随意关掉。H5 广告的互动以多种互动方式进行,更容易让受众接受,进而产生分享购买行为。

H5 广告借助移动设备内置的感应器,如重力感应、触摸感应等轻松实现摇一摇、点击参与游戏等人机行为互动。设备的定位功能与 H5 技术的结合还能实现地址导航的互动功能。这些互动性结合起来,能给受众带来不同的娱乐效应,使广告给用户留下深刻的印象。

3. 可渗透到社交化传播渠道

随着手机等移动设备的普及,微信、微博等移动端应用也成了人人必备的产品,H5 页面可以很便捷地在微信、微博等移动端应用中传播。用户觉得好,还可以通过分享形成二次、多次传播,从而使品牌信息得到推广。好的 H5 广告可以吸引消费者与品牌产生更多良性互动，促进品牌成长。

4. 跨平台传播

H5 页面不仅可以同时兼容 PC 端与移动端、安卓与 IOS 等系统，还可借助智能设备以扫描二维码的方式有效地串联起各种媒体，结合传统媒体，实现线上与线下的有效连接，将碎片化的品牌资源进行整合，使 H5 页面既具有传统媒体的权威性和影响力，也能充分发挥新媒体特有的互动性和便捷性，形成优势互补，为用户带来全方位的品牌体验，吸引更多的用户，增加用户黏性，增强其对该品牌的信任和依赖，最后形成购买力。

5. 打造沉浸式体验

H5 页面能够使人们沉浸在品牌营造的情境之中，通过生动、形象的视觉和听觉刺激来吸引用户的注意力，再结合有趣的互动体验带给用户控制感和现场感。可以让用户在不知不觉中接受品牌的传播目的。

6. H5 页面的开发推广也相对简单

H5 页面的开发技术与 APP、网站等比较而言相对简单，成本较低，研发周期较短，维护更新也只需在网站上即可，不需要更新客户端。

图 5-21 《穿越未来来看你》

案例一：《穿越未来来看你》（图 5-21）

这是腾讯和故宫博物院合作的一个 H5 广告，在朋友圈持续刷屏。《穿越未来来看你》把传统中国风和未来科技感相结合，加上精美绝伦的视觉画面令人耳目一新。比如，让人用 AR 上帝视角鉴赏未来世界风土人情，以及突然闯入的异次元世界，让古人也能作为时空旅人在未来幻界里遨游等操作，都给人留下了深刻的印象。腾讯在不断证明用 H5 页面的展现方式其实有更多的可能性。

图 5-22 《腾讯公益：小朋友的画》

案例二：《腾讯公益：小朋友的画》（图 5-22）

这个 H5 公益视频的主要功能，只要利用图片动画加录音播放以及一些交互按钮就可以实现，并没有太复杂的程序。进入页面后看到的就是不同小朋友的作品，作品下面是一段小音频，由作者本人录音，再下面是作者的介绍以及作品介绍。用户如有看中的绘画作品直接购买就行，然后购买的作品可以保存到本地或者直接设置为屏保。用户购买操作完成后还有一个跳转链接，跳转到的是腾讯公益项目页面，也可以直接选择分享到朋友圈。

腾讯这个 H5 公益视频打破了人们传统意义上对做公益的理解：原来我花一块钱买一幅相当不错的绘画作品就是在做公益，这样简单的公益形式人人都能参与。而且，这个 H5 公益视频让人们了解了自闭症儿童：他们可能很难融入正常的生活，但同时又有着令人惊奇的天赋与能力，成功地呼吁到更多的人去关注这个群体。这种形式的公益激发了人们的爱心，在发布几个小时后就显示"该项目已筹满"。

习题：

1. 在网络社交媒体中传播的带有特效、互动体验和声效的网页指的是（   ）。

   A. 传统广告　　　　B. 电视广告　　　　C. H5 广告

2. 下列哪些是 H5 广告的表现形式？（   ）（多选）

   A. 图片　　　　B. 文字
   C. 视频　　　　D. 音频

3. 相对报纸、广播等传统媒体来说，互联网在品牌传播方面的优势显而易见。（   ）

   A. 对　　　　B. 错

4. 互动是 H5 广告区别于其他传统广告最具魅力的所在。（   ）

   A. 对　　　　B. 错

5. H5 页面无法跨平台传播。（   ）

   A. 对　　　　B. 错

换个角度思考：

_____
_____
_____
_____

八、无人新零售：消费者的极致体验

扫码看视频

一尺柜台隔开的不仅仅是物理距离，还是心理距离。而现在，随着新零售模式的开启，零售商也可以是一个社交平台，买卖关系之间也可以充满温情。

新零售带来了新的购物体验，使消费者能近距离感受到智能带来的便利。"线上线下和物流结合在一起，才会产生新零售"。

新零售需要以基于大数据、人工智能和其他先进技术手段的互联网对商品的生产、流通与销售过程升级转型，重塑格式结构与生态系统，并对线上服务、线下体验以及现代物流进行深度融合。

而新零售的核心就在于线上线下的融合，更好地抓住年轻消费者的痛

扫码看课件

点,并以此来构建整个商业体系。

新零售的出现不是巧合,而是顺应了时代的趋势,在线上零售的冲击下,传统的纯线下零售在历经了地产整合、渠道升级、品牌崛起等发展阶段后,很难有新突破。而线上零售也逐渐探到传统流量模式的天花板。同时,随着零售行业的人力成本越来越高,无人零售商店具有解放人力和时间成本的优势,被各大电商平台及知名品牌所认可。

"互联网+"的概念在零售业掀起狂风巨浪,传统零售业面临着不变革就被淘汰的局面,围绕着"人、货、场",一场商业模式的改变正在悄然发生,但万变不离其宗,创业者就是要在人、货、场的结合中寻找机会。我们从新零售的三大要素——人(目标消费者)、货(消费的商品)、场(消费的环境、场景和渠道)来"解码"新零售的特点。

图 5-23 盒马鲜生实体店内的数字产品布局

以盒马鲜生为案例(图5-23),我们来分析一下在"盒马"打造的服务体验中,人、货、场是如何设计的。

(一) 人(将消费者的消费体验放在首位)

盒马围绕着"吃"这个主题,为不同需要的人群提供服务。比如,在上海的两家小型分店,主要是为了给办公室的职员提供服务。如果需要在家吃的话,还会在居住聚集地开专门的分店,对原来场景中的吃客进行人群重构。

结合支付宝扫码的应用,进而利用大数据分析,描绘用户画像,根据年龄、性别、收入、购物偏好等不同维度进行个性化推送,把消费者最需要的商品在最合适的时间以最人性化的方式进行展现,精确触达目标群体,提高转化效果,成为消费者的生活小帮手。

盒马鲜生的数字产品布局走在了传统商超的前面。让 APP 作为数字体验的核心,全渠道为 APP 作导流。

图 5-24 产品体验设计细节

(二) 货(消费的商品)

盒马精心筛选产品品类,重新组合,扩大了消费体验边界(图5-24)。

(1)新鲜度的新体验:生鲜产品对时效性要求非常高。消费者个人打捞、携带水产品到厨房的过程,非常好地可视化了"新鲜"一词,消费者的参与放大了这种体验。

(2)灵活度的新体验:盒马抛弃低价大量批发的策略,将包装做小,保证一餐吃完的分量,并按加工程度进行分类,满足人们不同程度的尝鲜期望。

(3)丰富度的新体验:盒马引入物流运输设备加之信息化管理,将一些不常见品类引进门店,例如,活体帝王蟹,不仅让消费者得到了全新的饮食体验，还制造了话题吸引眼球。

（三）场（消费的环境、场景和渠道）

图 5-25　场景体验设计细节

在场景上，盒马为消费者提供了多种消费场景，让消费主题的组织服务内容（图 5-25），让内容的组织服务于不同的消费主题。原来生鲜、堂食、外卖、快餐等地方都是独立的、分开的，但是盒马鲜生重构了这些品类，将上述场景进行了融合。

习题：

1. 新零售的核心是（　　　）。
   A. 线上零售　　　B. 线下推广　　　C. 线上线下的融合
2. 下列哪项属于新零售的要素？（　　　）（多选）
   A. 目标消费者　　　B. 消费的商品
   C. 消费的环境、场景和渠道
3. 新零售是对线上服务、线下体验，以及现代物流进行深度融合的零售新模式。（　　　）
   A. 对　　　　　　B. 错
4. 新零售的三大要素是＿＿＿＿，＿＿＿＿，＿＿＿＿。
5. 新零售需要以＿＿＿＿为依托。

换个角度思考：
_____
_____
_____
_____

第三节　社会化媒体传播策略

一、社交网站媒体策略、内容策略

图 5-26　中国社会化媒体生态概览

社交媒体营销已经不是陌生的词，对于很多企业来说，官方微博、微信公众号等社交媒体平台已经是企业营销的必备项目。

社会化媒体营销就是利用社会化网络、在线社区、博客、百科或者其他互联网协作平台与媒体来传播和发布资讯，从而形成的营销、销售、公共关系处理和客户关系服务维护及开拓的一种方式。一般社会化媒体营销工具包括论坛、微博、微信、博客、SNS 社区、图片和视频，通过自媒体平台或者组织媒体平台进行发布和传播（图 5-26）。

在自主信息时代,凭借社会化媒体营销让品牌走向成熟的关键有以下几点:

(1)让目标客户触手可及并参与讨论;

(2)传播和发布对目标客户有价值的信息;

(3)让消费者与你的品牌或产品产生联系;

(4)与目标客户形成互动并感觉产品有他的一份功劳。

社会化媒体营销有增加粉丝、提高产品形象、维护企业荣誉、提高口碑、增加销售等目标。

传统的消费者行为模式 AIDMA 将消费者从接收产品信息到最终达成购买进行思考,可分为五个阶段:

A(Attention)引起关注:通过媒体广告的终端推广来获取产品信息,以及关注产品;

I(Interest)产生兴趣:消费者对已关注的产品产生兴趣;

D(Desire)培养欲望:消费者对该产品形成购买欲望;

M(Memory)形成记忆:通过广告和传播角色的重复模式加强记忆,形成深度认知产品;

A(Action)促成行动:最终购买该商品。

然而,随着快速崛起的消费者在社交媒体上具有更广泛的话语权,其行为模式已经发生了巨大变化。(图 5-27)

图 5-27 消费者行为模式的转变

以女孩在网上购买化妆品为例,如果她认为化妆品的介绍和社区用户评价是好的,可能会建立购买信心。一段时间后,她可能会在社群上写出她的消费体验,与其他网民进行意见分享,从而成为下个或下下个消费者购买该化妆品的参考信息源。

品牌信息中的社交媒体是影响潜在消费者采购决策的关键因素。作为品牌信息互动关系链之间的企业和用户,是管理品牌需要关注的中心环节。(图 5-28)

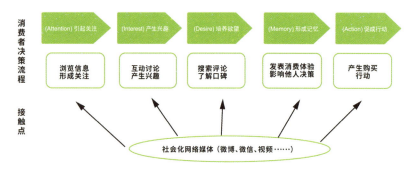

图 5-28　社会化媒体时代消费者行为流程

在消费体验共享的现实用户中，用户将自发传播管理主体无法控制但可以指导的品牌信息；另一部分品牌信息则可以通过经营主体（或营销代理商）有意识地策划，以互动的方式来实现品牌和用户之间的联结，形成良性的品牌信息环境，这应该是目前经营主体关注的营销重点。

总之，新的消费者行为模式（AISAS）决定了新的消费者接触点（Contact Point）——社会化媒体。企业接下来需要做的就是：积极主动地把自己的营销触点渗透到社会化媒体，在充分挖掘各种社会化媒体的营销价值基础上，通过社会化媒体营销获取新的营销竞争力。

习题：

1. 下列哪一项不属于社交媒体平台？（　　）
   A. 微博　　　　　　B. 报纸
   C. 微信　　　　　　D. 论坛

2. 在社会化媒体时代，消费者行为模式是（　　）。
   A. AIDMA 模式　　　B. ASSDB 模式
   C. AISAS 模式　　　D. AIDAA 模式

3. 社会化媒体营销有哪些目标？（　　）（多选）
   A. 增加粉丝　　　　B. 提高产品形象
   C. 维护企业荣誉　　D. 提高口碑

4. 大多数企业还是无法适应通过社交媒体实现企业营销。（　　）
   A. 对　　　　　　　B. 错

5. 新的消费者行为模式决定了新的消费者接触点，即_____。

换个角度思考

_____
_____
_____

二、微博、微信

2009年微博诞生，中国的Web2.0时代开始拉开序幕，2011年微博营销开始发酵，并在随后的一两年内火爆异常，成为中国社会化营销的鼻祖。在2012年，微信公众平台上线，随后微信营销逆势而起并逐渐盖过了微博营销的风头。

大概在2013年，所谓"双微运营"（微博和微信运营）成为中国社会化营销的标配，大部分社会化营销都围绕微博、微信及其形成的KOL生态进行，这种情况持续了多年。

（一）如何做好社会化营销传播

1. 理解产品

一切不离产品。新媒体运营的第一点在于理解产品，对产品的理解需要达到什么程度呢？熟悉产品的历史及每一个功能点，理解用户的使用场景，知道产品最吸引用户的点在哪儿，能快速定位并解决用户提出的所有问题，甚至对产品本身有自己的思考，而这一切都建立在对产品的理解上。

2. 了解用户

如果你还在相信网上的"95后"特征数据报告，那你真的是落伍了，数据的来源是否权威，数据的整理是否科学，这些都是不能确定的。对用户的理解，需要建立在长期接触用户、和用户打成一片，解决用户问题的基础上。新媒体运营人员每天面对的微博粉丝、微信听众都是用户，他们的喜怒哀乐、喜好与特征，是通过细心观察与反复验证印入新媒体运营人员的脑子里的。试图通过看几篇网上流传的数据报告了解用户，是很不靠谱的。

3. 懂传播

现在微博上怎样最吸粉，微信上用哪种方式能够引爆朋友圈，大家都在做的H5页面有什么诀窍能够让粉丝愿意扩散，这都是新媒体运营人员需要学习的内容。传播的形式一直在变，但方法论却没有变过，那就是传播的逻辑——引爆点、传播节点、传播形式三个要素。

案例一：星巴克合作微信 打造社交礼品体验

用户购买星巴克的卡片后，可以通过微信赠送给朋友，同时附带祝福语、图片、视频等传达心意的素材，这种一对一的体验有点类似微信红包，但形式更多样，可以说是咖啡版的"微信红包"。

这种线上送礼、线下使用的礼品体验，能够加强用户与用户之间的互动，实现用户和品牌的联结，也能缩短用户和门店的距离。可以看出，这既是社交礼品体验的良苦用心，也是合作的核心，相信这也是星巴克和微信甚至是腾讯达成战略时已有的一个的共识。

借助微信，星巴克不仅能够传递其想要表达的"情感联结"的价值观，也能够直接推进其商业方面的步伐。

"用星说"引发的一个小小的送礼行为，为什么能够引发用户的自发体验和传播？（图5-29）

图5-29 微信"用星说"内容界面

（1）带有微信新能力+用户自身色彩的产品是极具用户个性的；
（2）体验门槛低，一般更新微信就能轻易找到；
（3）在用户和用户之间有强互动，体现友好关系；
（4）能激发用户"我用了这个，我时尚我自豪"的转发心理。

星巴克门店接入微信支付的合作效果十分明显。据了解，导入微信支付后，星巴克门店单人次结账时间平均节省了10～20秒。接入用户熟悉、高频使用的微信支付，对星巴克的意义是进一步提升消费者的好感，同时也提升了星巴克的效率。

案例二：#1分钱吃垮麦爸爸#微博话题营销（图5-30）

麦当劳通过这次微博营销，在零预算前提下，以支付宝口碑形成传播，让更多人了解并参与麦当劳1分钱阳光橙和5元钱吃汉堡活动，最终发掉了共计900万张券。

麦当劳此次营销的传播方案：

（1）传播对象：对活动优惠感知更明显的"90后"。
（2）传播重点：1分钱喝阳光橙。
（3）传播渠道：以微博作为传播阵地，联合蓝V将福利券发放给用户。

图5-30 #1分钱吃垮麦爸爸#活动页面

- 卖点——什么样的文案才能引起用户兴趣？

这次麦当劳活动优惠力度很大，作为一顿免费午餐，对目标用户本身很有吸引力，我们传播的时候也要着重突出"麦当劳"和"1分钱"这两个关键词。

- 爽点——什么样的文案才能让用户领完券后还愿意传播？

"90后"最懂"90后"。"90后"的标签是追求个性、喜欢参与、喜欢分享，以及热衷网络文化，也更愿意为好玩、有趣的事物买单。1分钱的麦当劳免费午餐固然是个强刺激点，但也需要强化引导，让"90后"产生好爽好爽的 feel，自然也会更愿意分享给好友。

习题：

1. 新媒体运营的第一点是（　　）。

A. 了解用户　　　　　　B. 理解产品

C. 广告传播　　　　　　D. 征集反馈

2. 中国社会化营销中的"双微"运营指的是（　　）。（多选）

A. 微表情　　　　　　　B. 微博

C. 微交互　　　　　　　D. 微信

3. 了解用户只需参考网上的用户特征数据报告就可以了。（　　）

A. 对　　　　　　　　　B. 错

4. 新媒体运营人员需要掌握各种传播形式，才能更好地实现社会化营销。（　　）

A. 对　　　　　　　　　B. 错

5. 传播的逻辑有三个要素，分别是＿＿＿，＿＿＿，＿＿＿。

6. 如何做好社会化营销传播？（简答）

换个角度思考：

_____

_____

_____

_____

三、抖音与移动化

众所周知，手机媒体正凭借其庞大的用户群体、方便性、功能强大性和随身性给现有互联网信息传播模式与媒体运营机制带来深刻的变化。近日，第三方移动数据公司 QuestMobile 发布的《中国移动互联网 2018

半年大报告》显示，用户使用短视频的时间占比从 2017 年上半年的 2.0% 增长至 2018 年上半年的 8.8%，同比增长 3 倍。[98] 而其中抖音 APP 用户更是以爆炸式的速率在增长。（图 5-31）

[98] https://baijiahao.baidu.com/s?id=1606396252269869111&wfr=spider&for=pc.

图 5-31　抖音短视频近一年排名趋势

抖音是什么？

简而言之，抖音是一款集音乐、短视频、社交为一体的软件（图 5-32），该软件于 2016 年 9 月上线，当时短视频正处于高热度阶段，在移动化、碎片化消费日益盛行的当下，低门槛、低成本地分享生活信息的短视频成了最应景的影像消费产品。早些年短视频积累的火爆程度，已经成了移动时代品牌投放广告的共识。在这个时代成长起来的抖音，不必再花费时间、精力等成本让用户去认知它，它要重点考虑的只是如何在那么多短视频充斥着的社交市场当中脱颖而出。

图 5-32　抖音短视频平台

"确认过眼神，是玩抖音的人"，抖音平台的异军突起不仅制造了一大堆热门梗，也让如何玩转抖音营销成了品牌主们热议的话题。2018 年 3 月份，抖音与几个明星品牌包括 adidas、Neo、宝马和卡萨帝洗衣机等进行了营销合作内测。其中，为宝马全新车型 X3 在 6 月上市预热，宝马选择抖音作为投放主阵地。借助抖音"开屏+信息流 4-1"超级广告组合所释放的强悍流量，以及由宝马出品、赵又廷、宋佳领衔出演的微电影《神奇爸爸》先导预告花絮所带来的超强人气，汽车和短视频两大行业领跑者首次跨界组合，为宝马新车上市带来了"强曝光、高互动、粉丝沉淀"三大价值收获。

因为巨大的流量及转化能力，目前包括支付宝、小米、爱彼迎、马蜂窝、宜家、必胜客等知名科技和互联网公司的品牌也已经纷纷入驻抖音平台，通过或搞笑或创意的视频内容来提升用户黏性和品牌曝光度。在这样白热化的大趋势下，大大小小的企业都希望能在这个平台中分得一杯羹。

（一）如何利用抖音打造品牌魅力？

1. 利用短视频作口碑营销

突然走红抖音的"答案茶"便是依靠视频中"一杯可以占卜的奶茶"的创意以及门庭若市的火爆场面呈现其口碑的。从2018年开业到现在，"答案茶"已签下了200多家加盟商。同时，答案茶、海底捞火锅新吃法、土耳其冰激淋等爆红视频的传播，也为这些品牌带来了不同程度火爆的线下生意，而这些品牌大火的原因正是其在抖音平台发布的视频能够成功引起用户的猎奇心理和参与感。

2. 自媒体重新包装

papi酱在抖音上发布7个作品就收获了600多万粉丝，一禅小和尚每天发布十几秒的动画小故事即刻被1 000多万粉丝所关注，所发布的视频收获2 652万个赞。[99] 可想而知，对于从事新媒体或者自有IP的企业，在抖音平台上以抖音的形式和特色重新包装之前发布过的内容极可能在抖音目前的推荐机制下重拾光芒。

3. 曝光企业日常

很多用户不仅关心产品质量，对于一些耳熟能详的知名企业，其领导和员工的日常也能够引起用户强烈的好奇心。例如，阿里巴巴的马云，他的一举一动都格外受人瞩目，当然这也与他的个人魅力有关。将公司、员工日常以短视频的形式呈现给大众也是一种新颖的企业文化传播方式，就像作为抖音、今日头条的母公司"字节跳动"并不像抖音这样耳熟能详，而其在抖音上发布了一则一日工作感受的视频，短短一分钟的视频就收到2万的点赞，评论区纷纷感叹想去这样的公司上班。

4. 广告植入

区别于文字与图片的传统内容形式，短视频的表现形式呈现多样化的特征，消费门槛低，是天然优质广告的载体。但是短视频的商业变现并没有可以参考的道路，因此广告、电商、打赏、订阅等都是短视频创业者和平台方尝试的方向。

（二）目前抖音广告的主要分类

1. 视频信息流中插入广告[100]

在用户不断下滑观看下一条视频时，可能"一不小心"就滑到中插广告，比如，与Airbnb、哈尔滨啤酒和雪佛兰合作推出的三支品牌视频广告，对于抖音来讲，它们是广告，但同样也是优质的短视频。

---

[99] https://baijiahao.baidu.com/s?id=1599071608265483887&wfr=spider&for=pc。

[100] https://www.jianshu.com/p/a151e7b162c4。

2. 定制站内挑战

最具有代表性的，就是 OPPO 广告 # 假如你有两千万 #，用以宣传"前后 2 000 万拍照手机"的品牌 slogan。（图 5-33）

图 5-33 OPPO 手机宣传海报

3. 直播

和大多数采用秀场直播模式不同，抖音模仿了 Instagram 的直播功能，用户只可观看已关注的网红直播内容，这种直播形式服务于优质短视频积累的粉丝互动，也可以看成是未来抖音向社交转型的其中一步布局。

4. 电商流量入口

这是最近加入的一款功能，以名为"佳哥就是毕加索"的动漫视频自媒体为例，该号的短视频中出现购物车的按钮，点击后便出现商品推荐。而这并非个例，在多个抖音号中都发现了购物车按钮以及商品推荐信息，这些号的粉丝数都在百万以上，甚至接近千万。

除了入驻，这些在抖音上走红的案例也在刺激着一些品牌主在抖音上投放硬广。尽管有些犹豫、徘徊，但别人实实在在的成功还是刺激他们决心"再赌一把"，毕竟抖音的热度着实在持续升温。

在移动互联网时代，媒介传播观念和模式日新月异，要想在这个市场中站住脚，企业必须精确定位，充分利用热门平台的流量输出，永远追求营销方式和传播策略的创新。

习题：

1. 下列哪项不属于手机媒体的特点？（　　）
   A. 庞大的用户群体　　　B. 固定性
   C. 方便性　　　　　　　D. 随身性

2. 短视频火爆的原因有哪些？（　　）（多选）
   A. 低门槛　　　　　　　B. 难度高
   C. 费用高　　　　　　　D. 低成本

3. 移动互联网时代下，企业应该不断追求营销方式和传播策略的创新。（　　）
   A. 对　　　　　　　　　B. 错

4. 利用短视频作口碑营销是打造品牌魅力的渠道之一。（　　）
   A. 对　　　　　　　　　B. 错

换个角度思考：

_____
_____
_____
_____

四、让消费者成为员工

扫码看视频

在移动互联时代，企业营销必须解决两个问题：一是继续发挥经典营销策略的作用，即使受众了解、喜欢和购买公司的产品服务；二是让受众产生共鸣并将营销信息与其他朋友分享，实现社会化营销。（图5-34）在问题一到问题二的过程中，企业与消费者是所有节点的主体，企业在服务消费者的同时也在享受消费者的反服务。由于互联网的移动化和社交化使得消费者间的分享与关联日益密切，同时也极大地改变着消费者的信息获取和使用模式，因此，充分利用消费者的移动性和传播性有利于企业将消费者转化成拥有双重身份的被服务者和服务者。

图5-34 客户关系管理

消费者即传播者

需要指出的是，在移动互联时代，每个消费者都可以连接自己的社会网络和建立自己的兴趣圈子，而且都可以成为自己小圈子的意见领袖。也就是说，移动互联时代，每个人都可能发挥意见领袖的作用，每个人都可以成为营销信息的传播者，这也是所谓的"湿营销"。[101] 那么，如何让消费者成为员工？

[101] http://www.shichangbu.com/article-23635-1.html.

（一）让消费者出谋划策

[102] http://blog.sina.com.cn/s/blog_536a26aa0100xmz9.html.

亨利·福特曾说过："如果我去询问我的客户想要什么，他们肯定会告诉我要一匹更快的马。"[102] 现如今，促使消费者购买或忠于某个品牌比以往更加重要。随着品牌与消费者之间的接触点不断增多，品牌传达的信息与消费者的购买动机必须保持一致。针对精准目标群进行口碑营销，可以通过线上线下互动体验，增强手机网民对品牌与产品的信心；通过规模庞大的手机网民认知教育，引导品牌、产品的正向口碑，把营销信息发送给目标消费者，让目标消费者即手机用户主动使用并卷入营销的互动中。

众所周知的星巴克是如何与消费者进行互动的呢？

2008年3月，星巴克推出了公司的第一个社会化媒体网站即MSI——"我的星巴克点子"。该网站就像一个即时、互动的全球性客户意见箱，消费者不仅可以提出各类针对星巴克产品和服务的建议，对其他

扫码看课件

人的建议进行投票评选和讨论，而且还可以看到星巴克对这些建议的反馈或采纳情况。

对于星巴克来说，公司由此从消费者那里获得了一些极具价值的设想和创意，用来开发新的饮品，改进服务体验和提高公司的整体经营状况。更为重要的是，通过 MSI 网站与消费者进行交流，强化了广大消费者特别是一些老顾客与星巴克的关系和归属感，也提高了星巴克在广大消费者心目中关注消费者和悉心倾听消费者心声的形象。

许多公司也通过各种有趣的方式让相互联结的消费者参与进来。百事公司专门留出一部分广告预算，用于消费者群体投票决定的有价值的项目。[103] 一些公司与消费者共同创建产品和解决方案。就像管理员工一样，关键问题是我们将哪些工作授权给消费者，哪些留给管理层来拍板。当然，让消费者参与最简单的决策，也可能产生始料未及的后果。英国服装连锁公司 Next 就有过这样的惨痛教训。它根据公众投票来选定 2011 年度的服装模特，结果顾客选出了一位不能反映 Next 品牌"形象"的模特。

[103] http://www.wowa.cn/glxlw/lygllw/lyglxnlw/lunwen431.html.

（二）让消费者为品牌传播

小米的"粉丝"营销和互联网出现的很多"话题营销"都是在利用互联网的社交性传播进行的社会化营销，而其中起关键作用的媒介就是消费者。经典产品营销策略的核心是功能和质量，即给消费者带来更多的直接价值和体验，吸引消费者购买和对品牌保持忠诚。移动互联时代，企业的产品服务在吸引消费者购买和保持忠诚的同时，还要激发消费者的口碑传播意愿，即让产品服务具有社会传播性。

要让消费者作为品牌传播者反服务于企业，企业应该按以下两种方向去定制自己的品牌策略。

1. 追求极致性

产品服务是企业营销策略的基石，要使产品服务具有社会传播性，关键是产品服务的某些因素要做到极致，一举击到用户的"痛点"，让用户觉得难以置信并产生感动。已有口碑研究发现，消费者最喜欢分享和传播的是让自己感动的内容：一是因为通过传播正能量的信息可以提升自己的社会形象；二是给其他好友分享有潜在价值的信息是一种利他行为。

图 5-35　海底捞服务

最典型的例子是海底捞的服务，虽然在互联网上海底捞的菜品和环境评分并不是很高，但是服务质量评分却是最高的，不但评分高，很多消费者还分享了很多让人感动的故事，比如，等餐时提供涂指甲服务等（图 5-35）。可见，产品服务的极致性并不是要求产品服务的每个方面都做到极致，只要关键部分因素做到最好，其他因素没有特别的问题即可。因为消费者对特别的事情记忆比较深刻，也容易产生共鸣。以往的研究表明，一个非常满意的消费者的口碑意愿6倍于一个一般满意的消费者的口碑意愿。

进一步的问题是，企业如何将产品做到极致呢？小米的七字口诀"专业、极致、口碑、快"给予了很好的回答：只有企业专注和专业，不断与消费者沟通和互动，采用不断迭代优化的战略，即可将产品做到极致。

2. 追求网络性

企业产品服务价值的其中一个来源就是用户网络规模大小，比如，手机产品属于网络产品，产品使用者越多，用户的价值就越大。因此，增加产品服务的网络性，可以增强消费者的融合和利用社交网络的动力。

比如，目前很多产品增加朋友间的竞赛环节，典型的是耐克的跑步软件，提出"让跑步者不再孤单"[104]。它可以在分享跑步情况的同时，显示你在朋友间的排名情况，这大大增加了每个用户运动时的社交娱乐性，同时借助社会网络的群体效应，也可有效地提升消费者对产品使用的积极性。（图5-36）

[104] http://www.shopbest.cn/Essay-2579.html.

图 5-36　NIKE+COACH APP

可见，在移动互联时代，企业营销策略必须对接和整合消费者的口碑分享与传播，要充分利用移动互联网的社交性、位置性和移动性，让企业营销策略能激起消费者良好的口碑并实现社会化营销，而不仅仅是让企业的营销策略直接影响消费者，让消费者喜欢、满意和购买公司的产品或服务，成为所谓的忠诚顾客就行了，还必须将消费者转变为企业产品或服务的信息传播者和体验分享者，成为企业的编外社会营销人员。

习题：

1. 如何让消费者成为员工？（　　　）（多选）

A. 让消费者出谋划策　　　B. 让消费者为品牌传播

C. 张贴征人信息

2. 消费者即传播者。（　　　）

A. 对　　　　　　　　　　B. 错

3. 典型的是耐克的跑步软件，提出"让跑步者不再孤单"，它可以让你在分享跑步情况的同时，还可以显示你在朋友间的排名情况。企业应该按何种方向去定制自己的品牌策略？（简答）

换个角度思考：

_____

_____

_____

第四节 狂欢与仪式感

狂欢与仪式感（娱乐、体育、艺术赞助）

赞助是营销的沟通手段，它像是一种软性广告频繁地出现在人们的生活中。通过赞助营销，企业可以塑造自己的形象与品牌，从而促进关联产品的销售，也使自己的品牌更加深入人心。随着新媒体传播的完善与发展，娱乐、体育、艺术等领域又呈现出崭新的可投资潜力，成为众多品牌商青睐的赞助对象。

（一）娱乐赞助

近年来，农夫山泉一直在致力于挖掘年轻市场。2017年，农夫山泉旗下的维他命水独家冠名了2017年现象级综艺节目《中国有嘻哈》，"HIPHOP就是维他命，活力无限不会停，农夫山泉维他命水，大V开启进攻引擎"这句广告口播也成为2017年盛夏最深刻的记忆之一。

值得一提的是，《中国有嘻哈》与农夫山泉维他命水营销合作的方式之一是与赛制直接关联：在线下指定合作门店或者天猫官方旗舰店购买农夫山泉维他命水就能获得投票权，帮助已淘汰的选手拿到复活外卡，得到进入复活赛外卡战的宝贵机会，这种赞助形式让产品销量明显上升。另外，农夫山泉还推出H5包装系列，在H5包装系列中，"拟人瓶"的创意是来源于参赛选手们前卫、潮流的服装造型，各式花样的脏辫和头巾、长短搭配的项链以及奇装，与五种颜色的瓶身相结合，让了解节目的消费者在体验H5包装系列时备感亲切（图5-37）。[105]2018年，同样是农夫山泉维他命水，再一次出现在了爱奇艺热门综艺《偶像练习生》的节目中。而在《偶像练习生》的冠名名单中，农夫山泉毫无疑问成为了最大的赢家。据《证券日报》记者了解，根据节目的规则，用户购买农夫山泉旗下的维他命水以及天然矿泉水就可获得不同程度的投票机会。彼时，农夫山泉的天猫旗舰店也被《偶像练习生》选手的粉丝攻占。[106]农夫山泉方面在接受《证券日报》记者采访时表示，在《偶像练习生》播出期间，产品于电商平台频繁断货，销量较前期实现500倍的增长。公司方面为此还专门制定了限购措施，呼吁粉丝理性消费。

（二）体育赞助

体育赞助可谓是赞助营销的起源，其历史最为悠久，却依然是许多品牌商争相入驻之地。大多体育赛事的举办都需要高昂的赞助金，作为

图5-37 农夫山泉和《中国有嘻哈》

[105] http://www.sohu.com/a/167927457_656944.

[106] http://www.sohu.com/a/240804708_181824.

[107] https://baijiahao.baidu.com/s?id=1606081518545391942&wfr=spider&for=pc.

图 5-38 阿迪达斯的赞助

2018年世界杯的举办地，俄罗斯自然是各赞助公司集中展现自己营销实力和策略的主战场。

其中，赞助品牌阿迪达斯的一大权益来自于世界杯周边商品。[107]（图 5-38）在球迷商店外面，都会显著地标有"adidas"的标志。世界杯周边商品是现场球迷最热衷的产品，火爆的购买力让很多东西在比赛开始之前就销售一空。印着阿迪达斯标志的T恤、围巾和球衣也是球迷热衷的"伴手礼"。各城市球场的球迷商店都是球迷聚集地里最火爆的地方。

阿迪达斯那个拥有56个球员和明星的电视广告，也在俄罗斯的电视上进行了投放。在户外广告上，梅西、贝克汉姆和俄罗斯运动员是阿迪达斯宣传片中主要的广告人物。在莫斯科较为知名和大型的欧洲商场，阿迪达斯在商场一楼的电梯大屏投放了广告，在店内，专门设置了一个世界杯商品集中区域，其中还设置了一个迷你"绿茵场"，供球迷现场体验。在俄罗斯的阿迪达斯商店，还推出了俄罗斯队球衣买二赠送一件儿童款的促销活动，以吸引三口之家的关注和购买。

（三）艺术赞助

赞助艺术展览，是许多品牌商都想到并在做的事情。一方面，艺术家在其中能够受到关注和提升，更好地追求艺术；另一方面，品牌也借助艺术家的创作，提升品牌富有艺术品位的形象。品牌可以通过赞助并冠名展览，让品牌与展览融合起来。品牌也可以做得更多，直接筹办展览或奖项，用以扶持艺术家，但这种做法需要雄厚的资金作为基础。

当然，对艺术活动赞助不仅仅是冠名或者在展览中加入一个品牌产品的展位这么简单，如果品牌没有选择合适的赞助方式，与参与者进行真正的交流对话，那么品牌便不可能真正融入艺术圈，也不可能获得口味挑剔的艺术参展者们的芳心。

图 5-39 梵高的卧室

天进品牌营销顾问认为，作为一种新的营销形式，艺术营销并不适用于所有企业，只有在品牌、产品、技术、市场等方面都和选择的艺术形式具有文化上的相同之处时，艺术营销才能发挥出最大的效力。大家比较熟悉的便是"梵高的卧室"（图 5-39）。这间印象派风格公寓并不是一个用于展示的作品，而是每个人都可以亲自住进去体验的房间，花10美元就可以体验一晚"梵高式的孤独"。如此让人身临其境的、独一无二的创新体验，正是李奥贝纳为芝加哥艺术博物馆举办的"梵高的卧室"画展打造的营销活动。[108]

[108] http://www.sohu.com/a/60238391_374734.

此外，比较成功的例子是"爱普森微喷工作室"，它针对专业的图片公司和大型艺术展等特殊消费群体，在摄影展和画展上嵌入"爱普森微喷工作室"，在现场展现制作过程，与艺术爱好者进行交流对话，艺术展参与者和创作者对这一点十分受用。

习题：

1. 作为一种新的营销形式，艺术营销并不适用于所有企业，必须在品牌、产品、技术、市场等方面都和选择的艺术形式具有文化上的相同之处时，艺术营销才能发挥出最大的效力。（　　）

　　A. 对　　　　　　　　B. 错

2. 赞助是营销的沟通手段，它像是一种软性广告频繁地出现在人们的生活中。现今分为几种营销？（简答）

换个角度思考：

_____

_____

_____

_____

第五节　爱豆经济

扫码看视频

代言人、代言物策略（自媒体和粉丝经济）

　　"爱豆"即"Idol"，意思是"偶像"，该词最初来源于对日韩两国年轻偶像的称呼，直接取自类似 Idol 的发音"爱豆"，现在粉丝对偶像的昵称统称为"爱豆"。随着国内偶像综艺的崛起，打造出一批又一批的偶像，"爱豆"能够在很大程度上影响他的粉丝的行为以及决定。品牌、产品等可以通过"爱豆"的影响力带动粉丝的消费，从而达到成功营销的目的，获得经济利益。目前，新生代消费群体的关注话题超过51%与偶像相关，我们将这种新文化消费形态称之为"爱豆经济"[109]。爱豆 IP 变现的商业模式已经逐渐成熟，品牌代言、产品代言、是爱豆经济的主要形式。

[109] http://blog.sina.com.cn/s/blog_a0c8ea080102vy81.html.

　　爱豆经济，一方面可以拓展品牌或产品的知名度，优化口碑营销；另一方面，会让粉丝对爱豆所代言的品牌或物产生信赖感，从而增加用户黏性。在当前文化消费形势里，越来越多的品牌选择和偶像合作，用代言人策略在偶像、品牌、粉丝之间搭建情感纽带，通过偶像对粉丝的带动力获得知名度与流量，从而达到盈利。

　　说起品牌的代言人，有十几年不变的代言，例如娃哈哈20年不变的代言人王力宏。也有代言人一代又一代随着网络的曝光率以及粉丝流量不断变换的品牌，例如肯德基，因美式快餐推出新产品的周期短，所以为了

扫码看课件

110 http://m.sohu.com/ a/191515815_669280.

111 http://www.sohu.com/ a/191515815_669280.

图 5-40　Tfboys 代言海报

让消费者不断对其产生兴趣，只能不停地选择代言人轮番上阵，来吸引眼球。110 作为西式快餐界的两大巨头肯德基和麦当劳，更加青睐于代言人策略的肯德基在大众的视野中更加活跃。细数肯德基的代言人，从吴莫愁、李宇春到鹿晗，再到最近的 Tfboys 组合、朱一龙、白宇等，无一不是当红明星。111 很少有品牌像肯德基一样有如此强大的代言人阵容，粉丝多、流量多，帮助肯德基达到极具影响力的营销效果。

肯德基一直以"明星＋单品"的方式对新推出的产品进行推广。签下 Tfboys 后随即推出"愤怒的汉堡"（图 5-40）、由鹿晗推广的 39 元炸鸡桶、王源推广的"超级塔可"、在《镇魂》大火的时候邀请朱一龙、白宇推出"好兄弟"红黑双堡套餐等……这样的策略效果显著，每次都会在网络上广泛传播，成为争相购买的"网红产品"，得到了很好的反响。

不可否认的是，爱豆经济是一种在新的娱乐环境下发展起来的新的有效营销模式。

习题：

1. 随着美式快餐在中国逐渐成为一种快速消费的模式，代言人的策略会逐渐下降。（　　　）

　　A. 对　　　　　　　　　　B. 错

2. 何谓爱豆经济？（简答）

3. 为何有些企业喜欢利用爱豆经济？（简答）

换个角度思考：

_____
_____
_____
_____

扫码看视频

第六节　公益与商业相遇

"公益"即是做好事、行善举，企业或者组织自愿帮助他人，承担社会责任。当公益与商业相遇，即产生了公益营销，在做公益的同时也达到了商业目的。公益营销就是以关心人的生存发展、社会进步为出发点，借助公益活动与消费者进行沟通，在产生公益效果的同时，使消费者对企业的产品或服务产生偏好，并由此提高品牌的知名度和美誉度。这个定义突出了公益营销的本质是"营销行为"，从而与单纯的慈善活动划清了界限。

虽然公益营销是近些年才出现的名词，但是从古代开始，就有大户人家或者义士"开粥棚"向灾民或贫穷百姓"施粥"的善举，这也是一种公益营销的形式，大户人家通过这些善举可以提升家族的名望，提升在乡亲们心中的地位，在道德层面进行良好的口碑传播。（图5-41）

图5-41　古代施粥场景

公益营销之所以在当今商业环境下崛起，首先是由于公益营销相对于其他营销方式来说没有那么"商业化"，更加具有人情味。让消费者成为间接的公益实施者，拉近了消费者与品牌之间的关系，提高了品牌的知名度；同时，公益营销是在立足慈善的基础上作营销，它使得企业在营销的过程中承担了一部分的社会责任，在极大地提升企业公众形象的同时，也为企业带来了经济效益，将正确的价值观传输给社会，提高社会效益。

可口可乐作为一个知名的可乐品牌，将可乐带进了中国，也定义了国内可乐产品的标准。但是，即使这样，可口可乐依然不停地提供了各种各样的公益营销案例，《MINI货柜亭》《雨水拍卖》《和平贩卖机》《Hello，Happiness》电话亭装置等都是可口可乐优秀的公益营销。其中《Hello，Happiness》电话亭装置是设置在迪拜的一批特殊的公共电话亭，成千上万的南亚劳工背井离乡，却舍不得给家人打一通电话，而这个电话亭只需要投入一个可口可乐瓶盖即可以和家人通话3分钟。在这里一瓶可口可乐可以联结家人的思念和幸福。[112]这种营销已经不仅仅是一种商业行为了，更加为需要帮助的人送去了温暖，塑造了良好的品牌形象。（图5-42）

扫码看课件

[112] http://www.360doc.com/content/16/0306/13/31263272_539836977.shtml。

除了可口可乐，星巴克《咖啡杯里的秘密花园》也是一个经典的公益营销案例。一次性餐具给环境造成的污染是非常严重的。作为这些一次性餐具的使用者，面对环境的污染，星巴克设计了一款附带种子和植土的咖啡杯，顾客在喝完咖啡之后就可以直接在杯子里种出植物，这样咖啡杯也发挥了二次作用。这个活动推出后已经有将近10亿的群众参与进来，在小小的咖啡杯里种出秘密花园，也保护了地球这个大花园。

图5-42　《Hello，happiness！》广告

习题：

1. 以关心人的生存发展、社会进步为出发点，借助公益活动与消费者进行沟通，使消费者对企业的产品或服务产生偏好，并由此提高品牌知名度和美誉度的营销行为是何种营销？（　　　）

A. 品牌营销　　　　　B. 公益营销　　　　　C. 绿色营销

换个角度思考：

_____

_____

_____

第六章
品牌信息与架构

第一节 品牌架构

一、品牌数量与主副品牌、母子品牌的关系

在所有的管理科学中，品牌科学领域概念繁多，暂且先不说其他的，就拿"brand"来说，只是这样一个简单的基础名词，在市面上就流传了多种译法：品牌、名牌、商标和标识等。

二、区分主副品牌、母子品牌（概念）

能反映出品牌影响的是主副品牌：主品牌代表高价值，而副品牌未必能够提供。主副品牌代表了价值驱动关系：副品牌被主品牌驱动，在市场中能影响顾客购买的品牌是主品牌，对主品牌的价值识别进行补充和调整的品牌是副品牌。

反映出品牌归属的是母子品牌：母品牌代表持有人，但未必会作为主品牌来驱动子品牌；母子品牌代表了资产隶属关系，子品牌被母品牌所拥有，公司品牌或者集团公司品牌的代表是母品牌，而归属于公司或集团公司所有的业务或产品品牌的代表是子品牌。[113]

[113] http://www.sohu.com/a/122288022_466924.

三、主副式品牌结构

一般为了区分那些具有不同功能特点以及级别的同类产品，或者不同形象风格的产品所采用的品牌结构模式，属于主副式的品牌结构。像海尔和小王子、本田和雅阁、白沙和金世纪等就是主副品牌模式最好的例子。

四、母子式品牌结构

例如，P&G 宝洁，就是为飘柔、潘婷、海飞丝、玉兰油等子品牌来提供优质品质形象的，重点塑造产品特点和品牌文化形象的是子品牌。一般来说，这种结构适用于较为传统和成熟而产品质量又不太容易被分辨的行业，以及较为大型并且已具有较高知名度的企业。[114] 企业大不一定强，而强则可以相对持久地保持大，说白了，要么就是在某一个品类中尽可能多地占有市场份额，要么就是尽可能获得多个领域的成功，将触角伸得足够长，在每一个触点都有所斩获。飘柔是 P&G 适应面最广的一个品牌，其"柔滑"的概念已经深深根植于消费者心中，先入为主的高位优势确保飘柔的品牌延伸不会给作为品牌的飘柔洗发水以致命的打击。"P&G"的强力背书支持，很少有人会因为飘柔香皂、飘柔沐浴露的出现而怀疑飘柔洗发水的质量或者"柔滑"感觉的丧失，也就是说，消费者对飘柔洗发水的偏爱和信任并不会因为其品牌延伸而发生根本性改变。(图 6-1)

[114] https://doc.mbalib.com/view/84ed3ed9ee057aee702146dc8b4b6c3e.html.

图 6-1 P&G 宝洁品牌结构

为了能够更好地说明母子品牌和主副品牌的不同，我们可以通过以下案例进行分析：母品牌不是主品牌的，如 CHEVROLET、PONTIAC、Oldsmobile、BUICK、Cadilac、Saturn、GMC、OPEL、SAAB、HOLDEN、HUMMER、VAUXALL，这 12 个子品牌的母品牌是 GM——通用汽车，但 GM 并不是主品牌，而仅仅是提供信誉担保的背书品牌，在各自领域扮演驱动者角色的主品牌是上面所提及的 12 个子品牌；再如，Roadmaster、Riviera、Century、Skylark、Regal、LeSabre、Park Avenue 都是 BUICK 的子品牌。[115]

[115] http://blog.sina.com.cn/s/blog_1881960010102ywpj.html.

五、主副品牌：从属关系，有副品牌必有主品牌；无主品牌则副品牌完全无用

例如，海尔大王子冰箱、海尔小小神童洗衣机，去掉海尔这个主品牌后，大王子，小小神童则没人知道。

红米从小米旗下的一款机型起步，一步步成长为小米旗下最重要的副品牌，其重要程度在某些方面甚至要超过小米主品牌（图 6-2）。在小米为了实现国际化的道路上，红米成为小米出击各个海外市场的利器，毕竟低价对全球消费者来说都是颇具吸引力的。5 年时间，红米保障了小米庞大的出货量和互联网用户基础，但红米也是软肋，往往被首先攻击。[116]

图 6-2 红米手机 3

[116] https://zhuanlan.zhihu.com/p/41028187.

有一个概念叫作"可粉碎品牌"，这个概念来源于可口可乐瓶。在 1915 年设计可乐瓶的时候，可口可乐公司要求该设计的特征极为鲜明，哪怕把瓶子摔得粉碎，捡起任何一块碎片，也能判断出是可口可乐的产品。所以，当你把产品的所有 Logo 标志去掉之后，消费者依然可以一眼认出这个品牌，

这说明品牌的特质是非常鲜明的。[117]

对一些品牌，例如苹果公司来说，这非常简单，不需要任何 Logo，我们也能不费吹灰之力地辨识出哪个是苹果公司的产品。与苹果公司以设计风格和操作系统进行有效的品类延伸一样，很多成功进行品类延伸的公司都形成了自己独有的策略。它们有一些共同点：并不简单地依靠 Logo 的力量。

习题：
1. 母品牌不能延伸出子品牌。因为它可延伸范围最小，限制也最大。（　　）
A. 对　　　　　　　　B. 错

2. 主副品牌只能是从属关系，有副品牌，一定有主品牌；没有主品牌，副品牌一无是处。（　　）
A. 对　　　　　　　　B. 错

换个角度思考：
_____
_____
_____
_____

第二节　品牌联盟

一、什么是品牌联盟？

品牌联盟就是品牌中国产业联盟，是致力于推进"中国产业品牌化，品牌中国产业化"的非法人、活动性、学术性的民间联盟。[118]

二、联盟宗旨

联盟的愿景是"塑造品牌中国新形象，构建品牌世界新格局"。

雀巢联合星巴克，组"全球咖啡联盟"：雀巢是全球最大的咖啡公司，星巴克是美国知名咖啡连锁品牌，它们将进行一次结盟。雀巢将支付71.5亿美元收购除星巴克门店外的全球范围内的产品营销权，这一次的合作涉及星巴克在超市出售的包装型咖啡、咖啡豆、速溶咖啡等零售业务。虽然

---

[117] http://roll.sohu.com/20110615/n310212541.shtml.

[118] https://www.sogou.com/link?url=DOb0bgH2eKjRiy6S-EyBciCDFRTZxEJgMUe3qIpy7qz26FDhCNBXEMyyUtg79KV3LfSl5JHZu3ZQmHTGo71MtGm6sHERGtMhGouaEIWVV55-XxxDhBwDiw.

这不是星巴克首次出售其咖啡零售业务，但近些年伴随电商的迅猛发展及个性化消费的日益增长，星巴克线下店铺正面临客流量减少以及独立咖啡店日益增加的双重压力，精简产品线看来是个无奈之举。未来，星巴克打算在中国开设更多店铺，把它们的高端咖啡品牌 Roastery and Reserve 引入上海大概就是这盘"中国大棋"的第一步。[119]

扫码看课件

[119] https://www.topys.cn/article/26602.html.

丹麦玩具公司乐高，某日宣布将和亚马逊合作，携手对互动积木游戏平台进行开发（图6-3）。这个平台是乐高最近开发的互动语音项目中的一部分，希望能借助其语音助手 Alexa 帮助孩子们通过语音故事以及指示来玩积木，这也是与亚马逊合作的原因。

和服店"蝶屋"有着77年的历史，第三代店主高仓庆应为了迎接东京奥运会，联合约70多位日本各地和服职人，在4年前就开始实施"KIMONO PROJECT"项目。项目主要是制作代表世界196个国家的不同特色的和服（图6-4）。代表中国的和服的设计，采用了诸多中国元素，包括万里长城、熊猫翠竹、祥云牡丹，用上玄色万字纹底配白、绿、红、蓝、金色。高仓庆应说："用和服表现一个伟大的国度，难度很大。"[120]

[120] https://www.zhihu.com/question/280240830/answer/412435612.

图6-3 乐高与亚马逊合作成立互动积木游戏开发平台："乐高也大步走在数字化的路上。"

图6-4 东京奥运会日本定制的"中国和服"首次公开

三、品牌联盟的 Logo 有哪些含义？

"中国脸"（China Face）造型简洁，线条流畅，舒展开放，没有边界，用世界通用的设计语言传递着品牌中国的包容与自信，表达了品牌中国愿意与世界融合交流、和谐进取的美好心愿。（图6-5）[121]

[121] https://www.topys.cn/article/28058.html.

2007年，箱包品牌 ITO 在上海正式创立，用十余年时间，从线上走到线下，成为最具识别度的中国原创设计品牌之一。ITO 的发展史，可能并非一个中国原创设计品牌的典型发家史，但作为中国新一轮消费升级的亲历者，从他们的叙述中或能一窥中国原创设计的困境与机遇。（图6-6）

伴随品质、个性、小众等消费理念的流行，原创设计产品正成为消费市场的新增长点，而中国原创设计品牌也逐渐拥有了更大的舞台。

图 6-5　品牌联盟标志释义

图 6-6　2007 年，箱包品牌 ITO 在上海正式创立

图 6-7　ITO 的创意线下无人店

《2018中国原创设计创业与消费报告》指出，中国原创设计品牌普遍"重设计，轻营销"，可是，于当下的消费市场，品牌故事开始越来越多地成为消费者的关注重点，ITO创始人陈曦自己也表示"酒香很怕巷子深"。伴随着消费升级，ITO（图6-7）也在这几年开始强化品牌形象，借助各种渠道，增加营销活动，让品牌的声音更多地回响在消费市场上。

民族情结正成为中国原创设计品牌占据更大市场的推动力。从"例外"，到登上纽约时装周的李宁，陈曦认为，大家对这些事件热烈讨论的背后，实则是国人对"中国创造"和"中国设计"的关注与期待。

而且，当下年轻人的"大牌"意识正逐渐淡化，越来越多地追求生活品质。懂设计、有审美的年轻人加入消费大军，作为一波新生的理性消费者，他们拥护那些持续创新、独立思考、坚定立场的设计品牌。这一点，也在帮助中国原创设计品牌争夺更大的市场份额。因此，即使尚有阻碍、尚有挑战，但更多的思考和创新会使中国原创设计品牌终会在发展中实现自我突破。

习题：

1. 品牌联盟即品牌的产业联盟，品牌联盟可以整合业界、学界、媒体等资源，共同发挥传播营销的最大力量，对于品牌而言，是一种全局性的战略部署。（　　）

A. 对　　　　　　　　　　B. 错

2. 对于中国原创设计品牌采取品牌联盟可以有什么效果？（简答）

换个角度思考：

_____
_____
_____

第三节　品牌地图

一、什么是品牌地图？

扫码看视频

大到国家、企业，小到团体，甚至个人，都是通过树立自身品牌荣誉，得以在各领域内占得一席之位。无论是产品类型、服务种类或者规模大小，品牌化规则都适用。（图6-8）[122]

Flipboard：全球知名新闻聚合平台，在2017年的7月份，发布了中文版的APP——红板报。就在人们纷纷猜测这个个性化阅读鼻祖在中国的发展前景时，红板报已与阿联酋航空、汉莎航空、奥迪、宝马等众多一线品牌达成广告合作，并在2018年第二季度实现广告盈利。红板报聚焦全球优质媒体和内容，从产品、设计、技术、运营等各方面打造"颜值与品质兼备的新闻APP"，不断提升并巩固自身的差异化，建立品牌壁垒。[123]（图6-9、图6-10）

图6-8　品牌地图

[122] https://baike.sogou.com/v83165685.htm?fromTitle=%E5%93%81%E7%89%8C%E5%9C%B0%E5%9B%BE.

[123] http://www.sohu.com/a/163416196_207454.

图6-9　卡地亚动态视频广告图

图6-10　HugoBoss全屏静态广告

品牌是什么？大卫·奥格威说："品牌是一种错综复杂的象征，它是品牌属性、名称、包装、价格、历史、声誉、广告方式的无形总和。""品牌同时也因消费者对其使用者的印象，以及自身的经验而有所界定。"这是什么意思？其实企业和产品在消费者头脑中的印象就叫品牌。在2012年福布斯全球品牌价值榜上，麦当劳以374亿美元的价值排名第七。作为一家为大众熟知的快餐品牌，麦当劳深谙将品牌还给消费者之道。

麦当劳在加拿大有一个名为"Our food. Your questions"的社区，这是麦当劳在加拿大开设的一个可以询问关于麦当劳任何问题的社区，这个社区可以说将麦当劳开放的态度展示得淋漓尽致。2012年有人在这个社区中问了一个有点刻薄的问题：为什么快餐店的汉堡与麦当劳广告中的汉堡不一样？它为什么没有广告中看起来诱人？

扫码看课件

麦当劳如何回答这个问题？它们为这个问题拍了一个视频，详细记录了广告中的汉堡是如何一步一步被制作出来的，包括看起来使人馋涎欲滴的番茄汁是如何用针筒一点点弄上去的，以及后期专业的 PS 是如何处理的。这段视频上传到 YouTube 后，立刻引起广泛关注，并迅速获得超过 400 万次的浏览量。[124]（图 6-11）

[124] http://www.linkshop.com.cn/web/Article_News.aspx?ArticleId=214457.

图 6-11　麦当劳广告中汉堡制作的全过程

二、美国品牌地图：为品牌标注地标

谷歌地图是谷歌公司向全球提供的电子地图服务，包括局部详细的卫星照片。不管你喜欢与否，你周围都被标注了这些小红点。图 6-12 和图 6-13 显示了各州搜索频率最高的品牌。

经过对 200 多个品牌的分析，金融公司 Direct Capital 绘制了 3 份地图，列出了美国 50 个州位列谷歌搜索频率前三的品牌，图 6-12 是其中排名第一的品牌地图。比较这幅手绘地图，不难看出地域与文化的碰撞，以及各地消费者对品牌的不同偏好。

图 6-12　谷歌搜索最多的美国各州品牌

我们可能不会料到法国生产的金万利橘子酒（Grand Marnier）居然在美国西部的特拉华州如此受欢迎，同样让人倍感意外的是美国休闲牛仔品牌美国之鹰（American Eagle）在西弗吉尼亚州也如此盛行，当然，也有意料之中的答案，比如，微软之于华盛顿州，以及佛罗里达州的迪士尼。当竞争品牌出现在相邻的州，这种同行间的比较就更耐人寻味。比如，金快活龙舌兰酒（Jose Cuervo）和培恩龙舌兰酒（Patron），分别位于美国西部相邻的亚利桑那州和新墨西哥州，再如，素以价廉和大众化称著的道奇牌轿车和具有年轻活力的个性品牌雪佛兰轿车，分别在美国北部的蒙大拿州和北达科他州位居谷歌搜索频次首位。

图 6-13　美国各州知名公司地图

[125] http://www.adquan.com/post-4-28641.html.

无独有偶，事实上这并不是首发类似创意，早在 2013 年，画家兼作家史蒂夫·洛夫莱斯（Steve Lovelace）就绘制并发布了"美国各州公司地图"，他用地图加商标的方式，标注美国 50 个州的代表性品牌，曾引起话题。[125]（图 6-13）

三、全球 500 强企业的世界品牌

世界上最有价值的品牌谷歌、苹果和网购巨头亚马逊，任何一个企业的价值都超过 1 000 亿美元。那么，世界其他地方的情况如何？

2017 年全球 500 强企业排行榜主要以品牌知名度、营销投资策略、经营业绩等为衡量标准，经统计分析发现，品牌的力量和国家规模并非直接相关。代表韩国的三星（市值约 592.4 亿欧元）远远大于代表加拿大的皇家银行（约 113.6 亿欧元）。有媒体认为，有些国家的代表品牌在国际上的知名度并不一定很高，如卡塔尔的国家银行、巴西的 Banco Itaú（巴西最大的私人银行）、哥伦比亚的石油公司、挪威的 Statoil、意大利的 Eni、德国宝马集团等。[126]

[126] http://www.sohu.com/a/150570729_300703.

习题：

1. 大卫·奥格威认为品牌属于谁？（　　）
A. 企业　　　B. 市场　　　C. 消费者　　　D. 比尔·盖茨
2. "PAR" 模式平台包括回应互动和敏捷行动。（　　）
A. 对　　　　　　　　B. 错
3. 什么是品牌地图？（简答）

换个角度思考：

_____
_____
_____
_____

附录1
图片来源

第一章

图 1-1 http://www.hinews.cn/news/system/2017/09/11/031260578.shtml?wscckey=e6280505091979c7_1514693517

图 1-2 http://www.t-biao.com/bpizittzzh/iisfituezuou/

图 1-3 https://www.topys.cn/article/5070

图 1-4 https://www.nvi.com.au/story/2955504/nikes-just-do-it-slogan-inspired-by-death-row-prisoners-last-words/?cs=24

图 1-5 https://huaban.com/pins/57659397/

图 1-6 自制

图 1-7 自制

图 1-8 自制

图 1-9 https://www.sohu.com/a/821825_117576

图 1-10 https://v.youku.com/vshow/id_XMzQwMDY4NTQ1Ng==.html?spm=a2h0k.11417342.soresults.dposter

图 1-11 自制

图 1-12 https://www.digitaling.com/articles/25272.html

图 1-13 http://product.suning.com/0070144496/167041097.html

图 1-14 http://www.mp4cn.com/info/ShowInfo.php?c=903&id=1527262&t=78&n=557292950642

图 1-15 https://www.mianfeiwendang.com/doc/f2be229bb2bcd174ee354715

图 1-16 自制

图 1-17 自制

图 1-18 自制

图 1-19 自制

图 1-20 自制

图 1-21 自制

图 1-22 自制

图 1-23 https://www.sohu.com/a/339673439_673985

图 1-24 https://weibo.com/ttarticle/p/show?id=2309404322625496191040

图 1-25 自制

图 1-26 自制

图 1-27 https://www.sohu.com/a/253725999_100254121

图 1-28 https://www.nike.com/cn/w?cp=cnns_sz_071516_a_ALNUL_bz01&utm_source=Bd&utm_medium=Pcbz&utm_

图 1-29 https://baijiahao.baidu.com/s?id=1591616812424545742&wfr=spider&for=pc

表 1-1 自制

表 1-2 自制

第二章

图 2-1 http://huaban.com/pins/1364857179/

图 2-2 https://item.jd.com/65837322870.html

图 2-3 https://m.sohu.com/n/329309775/

图 2-4 http://huaban.com/pins/980436308/

图 2-5 https://www.linkedin.com/pulse/toma-el-shopper-decisiones-racionales-o-emocionales-adriana

图 2-6 https://www.bilibili.com/read/cv1511555?from=html?

图 2-7 https://www.bilibili.com/video/av22270898

图 2-8 http://m.sohu.com/a/310840418_390682

图 2-9 http://m.sohu.com/a/221725844_479945

图 2-10 https://news.pchouse.com.cn/55/558459.html

图 2-11 https://www.zhihu.com/question/280003633/answer/411066250

图 2-12 http://www.new-s.com.cn/xsx/caseinfo/next/2178

图 2-13 https://myslide.cn/slides/311?vertical=1

图 2-14 https://class.duitang.com/blogs/tag/?name=%E7%B1%B3%E8%80%81%E9%BC%A0&start=144&limit=24

图 2-15 https://baike.baidu.com/item/%E8%82%AF%E5%BE%B7%E5%9F%BA/323305?fr=aladdin

图 2-16 https://max.book118.com/html/2017/0325/96880897.shtm

图 2-17 https://max.book118.com/html/2017/0325/96880897.shtm

图 2-18 https://max.book118.com/html/2017/0325/96880897.shtm

图 2-19 https://max.book118.com/html/2017/0325/96880897.shtm

图 2-20 http://www.qdaily.com/articles/16769.html

图 2-21 http://www.qdaily.com/articles/16769.html

图 2-22 http://www.qdaily.com/articles/16769.html

图 2-23 http://www.qdaily.com/articles/16769.html

图 2-24 http://www.qdaily.com/articles/16769.html

图 2-25 http://www.qdaily.com/articles/16769.html

图 2-26 http://www.qdaily.com/articles/16769.html

图 2-27 http://www.qdaily.com/articles/16769.html

图 2-28 https://www.topys.cn/article/24788.html

图 2-29 https://www.topys.cn/article/24788.html

图 2-30 http://www.epbiao.com/biaoju/19795.html

第三章

图 3-1 https://www.Apple.com.cn/ipad/

图 3-2 https://weibo.com/pepsico

图 3-3 https://shop.dyson.cn/?utm_source=baidu&utm_

图 3-4 https://bot.tmall.com/

图 3-5 https://bot.tmall.com/

图 3-6 https://mp.weixin.qq.com/mp/profile_ext?action=home&__biz=MjM5MjA5MTA2MQ==&scene=124&#wechat_redirect

图 3-7 https://mp.weixin.qq.com/mp/profile_ext?action=home&__biz=MjM5MjA5MTA2MQ==&scene=124&#wechat_redirect

图 3-8 https://weibo.com/u/3562299047?is_hot=1

图 3-9 https://weibo.com/u/3562299047?is_hot=1

图 3-10 https://www.vmovier.com/50616?from=search_post

图 3-11 https://www.vmovier.com/50616?from=search_post

图 3-12 https://mobile.zcool.com.cn/work/ZNjI3NDcyNA==.html

图 3-13 https://www.vmovier.com/46345?from=search_post

图 3-14 https://m.sg.weibo.com/user/serfaico/4023747302539628

图 3-15 http://www.360doc.com/content/17/0727/18/30523412

图 3-16 http://www.sohu.com/a/139549290_465287

图 3-17 https://www.sohu.com/a/205206366_712171

图 3-18 https://www.sohu.com/a/205206366_712171

图 3-19 https://www.ikea.cn/cn/zh/

图 3-20 https://sz.news.fang.com/2014-07-14/13267467.htm

图 3-21 https://m.baidu.com/tc?from=bd_graph_mm_tc&srd=1&dict=20&src=http%3A%2F%2Fwww.whfrjm.com%2Fa%2Fxingyezixun%2F198.html&sec=1563342515&di=3e92fa9d36b142fb

图 3-22 http://www.honghuotai.com/#/index

图 3-23 http://info.bm.hc360.com/2013/12/160856562760.shtml

图 3-24 http://www.51ebo.com/repstation/3240.html

图 3-25 http://sh.qihoo.com/pc/9de11cb71db42a85b?sign=360_e39369d1

图 3-26 https://www.zcool.com.cn/work/ZMjU0MjUyMjg=.html

图 3-27 http://caifurensheng.cn/TeamBuilding/TeamBuildingShow-974.html

图 3-28 http://www.docin.com/p-643055108.html

图 3-29 https://huaban.com/boards/2832434/

图 3-30 PokemonGo http://news.17173.com/z/pokemongo/content/08212016/180030552.shtml

图 3-31 http://huaban.com/pins/60760554/

图 3-32 http://huaban.com/pins/1077295747/

图 3-33 自主截图

图 3-34 iBeacon https://www.cnblogs.com/yangmx/p/3722795.html

图 3-35 1 http://huaban.com/pins/570923326/ 摇一摇周边 2 http://huaban.com/pins/475777785/ 摇一摇周边 3 http://huaban.com/pins/678598918/

图 3-36 https://www.zcool.com.cn/work/ZMTkyMzQ5Ng==/1.html

图 3-37 https://v.youku.com/v_show/id_XODY5MTM4ODg0.spm=a2h0k.11417342.soresults.dtitle

图 3-38 http://www.sohu.com/a/29465001_195134

图 3-39 http://jiaju.sina.com.cn/news/20160326/6119514978941992990.shtml

图 3-40 http://www.techweb.com.cn/world/2018-01-22/2631255.shtml

第四章

图 4-1 自主作图

图 4-2 groupon https://mp.weixin.qq.com/s?src=11&timestamp=1551165434&ver=1451&signature=oQfCTK1iJ3l6lING3FQ4HjrSBg3ae5ijV4MfW4sJ377WglTkOuIdRa7mJYxXfLB5Re9vBAJJNm8H0wSitn-KVUAKqbPlQOiMAYVPXkmEqihfwt8JjFoG52CKie7fe6UN&new=1

图 4-3 https://wenku.baidu.com/view/dbf6c20b30b765ce0508763231126edb6e

1a7608.html

图 4-4 https://huaban.com/pins/130604419/

图 4-5 http://www.ihuashi.cn

图 4-6 http://baijiahao.baidu.com/s?id=1627973299317390607&wfr=spider&for=pc&isFailFlag=1

图 4-7 https://ss3.bdstatic.com/70cFv8Sh_Q1YnxGkpoWK1HF6hhy/it/u=1492337455,3969759288&fm=26&gp=0.jpg

图 4-8 http://www.eslitecorp.com/imgs/uplImg_Behalf_Image/20141028215648216.jpg

图 4-9 http://www.eslitecorp.com/imgs/uplImg_Behalf_Image/20141029040026920.jpg

图 4-10 http://www.eslitecorp.com/imgs/uplImg_Behalf_Image/20141029040200572.jpg

图 4-11 http://www.eslitecorp.com/imgs/uplImg_Behalf_Image/20141029040335145.jpg

图 4-12 http://www.eslitecorp.com/imgs/uplImg_Behalf_Image/20141029040439784.jpg

图 4-13 http://www.karlparfums.com/#around-karlparfums

图 4-14 http://www.sohu.com/a/199100205_644007

图 4-15 http://www.adquan.com/post-2-44664.html

图 4-16 http://App.myzaker.com/news/article.php?pk=5b18d92d77ac64357b6c17b1

图 4-17 https://m.sohu.com/n/438786571/

图 4-18 https://i1.hdslb.com/bfs/archive/7ff08c771ff8326aaf8774f55a0ebaed5b69ab3b.jpg

第五章

图 5-1 http://www.sohu.com/a/191410050_487881

图 5-2 http://sh.qq.com/a/20150626/034887.html

图 5-3 http://www.d1net.com/uc/company/403455.html

图 5-4 https://post.smzdm.com/p/agenzo3/

图 5-5 http://www.managershare.com/post/302568

图 5-6 http://www.woshipm.com/marketing/1093638.html

图 5-7 http://www.woshipm.com/marketing/1093638.html

图 5-8 https://www.sohu.com/a/77582621_264584

图 5-9 https://www.zhihu.com/question/22256995/answer/503014437

图 5-10 https://www.absolut.com/cn/

图 5-11 https://art-sheep.com/12-of-the-most-powerful-and-brutal-domestic-violence-awareness-campaigns/

图 5-12 https://www.digitaling.com/articles/29545.html

图 5-13 https://www.h5anli.com/cases/201606/jiaoluo.html

图 5-14 http://www.woshipm.com/operate/336607.html

图 5-15 http://cio.zhiding.cn/cio/2014/0421/3017987.shtml

图 5-16 https://www.meizu.com/

图 5-17 http://www.szhometop.com/detail/case2/311

图 5-18 https://new.qq.com/omn/20190725/20190725A01DR800.html

图 5-19 https://www.fcbox.com/

图 5-20 https://www.h5anli.com/cases/201911/fgz.html

图 5-21 https://www.h5anli.com/cases/201706/txcywllkn.html

图 5-22 https://www.h5anli.com/cases/201709/txgyqlhl.html

图 5-23 http://www.woshipm.com/it/834052.html

图 5-24 http://www.woshipm.com/it/834052.html

图 5-25 http://www.woshipm.com/it/834052.html

图 5-26 https://www.sohu.com/a/249282170_795819

图 5-27 自制

图 5-28 自制

图 5-29 http://www.jlline.com/news/html/4983.html

图 5-30 https://www.jianshu.com/p/4701eeb14481

图 5-31 https://www.questmobile.com.cn/research/report-new/41

图 5-32 https://www.sohu.com/a/231127091_100027385

图 5-33 https://ss.sohu.com/infonews/article/6337271865614008320

图 5-34 https://www.smallbizdaily.com/measure-improve-the-roi-your-crm-sales-solution/

图 5-35 https://www.sohu.com/a/168071179_549639

图 5-36 https://www.appsmenow.com/app_page/3471-nike-plus-running

图 5-37 https://www.sohu.com/a/167927457_656944

图 5-38 https://baijiahao.baidu.com/s?id=1606081518545391942&wfr=spider&for=pc

图 5-39 https://www.bilibili.com/video/av11683612?from=search&seid=15353345787798360994

图 5-40 https://m.sohu.com/a/193883011_651653

图 5-41 https://www.sohu.com/a/16248109_135077

图 5-42 https://www.iqiyi.com/w_19rtj2n91d.html

图 5-43 https://www.iqiyi.com/w_19rtj2n91d.html

第六章

图 6-1 https://www.shichangbu.com/article-33266-1.html

图 6-2 https://zhuanlan.zhihu.com/p/41028187

图 6-3 https://www.topys.cn/article/26602

图 6-4 https://www.topys.cn/article/26602

图 6-5 https://www.sohu.com/a/148561868_771875

图 6-6 https://www.topys.cn/article/28058

图 6-7 http://product.dangdang.com/1563260391.html

图 6-8 http://product.dangdang.com/1563260391.html

图 6-9 https://www.topys.cn/article/27544

图 6-10 https://www.topys.cn/article/27544

图 6-11 https://www.iqiyi.com/w_19rw313jal.html

图 6-12 https://www.adquan.com/post-4-28641.html

图 6-13 https://www.adquan.com/post-4-28641.html

图 6-14 https://www.sohu.com/a/150570729_300703

图 6-15 https://www.sohu.com/a/150570729_300703

附录 2
参考文献

书籍与报刊文献：

沈周锋. 从消费者需求到品牌视觉表现的探究 [J]. 中国皮革，2014(4): 21-22.

周欣聪. 市场营销中的消费者行为分析 [J]. 经济技术协作信息，2006(34):63.

徐建中，赵伟. 网络营销环境下消费者行为分析 [J]. 集团经济研究，2006(29):257.

刘媛媛. 品牌定位在市场营销战略中的地位 [J]. 中国市场，2017(31): 119-121.

卢骏飞，卢雨民. 浅析王老吉品牌定位的成功 [J]. 科技广场，2007(12): 72-76.

陈栋，卫平. 企业品牌核心价值研究 [J]. 技术经济，2011，30(3):108-116.

阙娜. 新媒体环境下品牌传播的新理念 [J]. 青年记者，2014(3):82-83.

邹怡婷. 互联网时代"IP"产业链初探析——以漫威电影模式为例 [J]. 东南传播，2015(8):59-61.

巩蕴斐. 新媒体环境下民间工艺品牌的传播策略研究 [J]. 艺术科技，2017，30(1):315.

刘小钗. 品牌联合对产品感知质量影响的实证研究 [D]. 江西财经大学，2010.

管艳霞. 跨国性快消企业品牌传播要素分析 [J]. 采写编，2015(4):95-96.

黄晨雪. 视频广告中的音乐对受众品牌认知的影响 [D]. 中南大学，2012.

姚延婷. 基于陕西绿色果品产业集群的"陕西苹果"区域品牌管理研

究 [D]. 西安理工大学, 2007.

张凌浩. 符号学产品设计方法 [M]. 北京: 中国建筑工业出版社, 2011.

彭诚, 郭飞. 解读商标与品牌的异同 [J]. 前沿, 2007(7):59-61.

宗立成. 基于生活方式的工业设计研究 [D]. 青岛理工大学, 2010.

王静. 商品包装的功能适度研究 [D]. 武汉理工大学, 2010.

袁恩培. 消费心理在包装设计中的应用与研究 [J]. 包装工程, 2004(1):105-108, 123.

[美] 唐纳德·诺曼. 情感化设计 [M]. 付秋芳, 程进三译. 北京: 电子工业出版社, 2005.

简如郡, 张茫茫. 情感化设计驱动下的品牌重构与产品创新研究——以坚果品牌设计策略为例 [J]. 装饰, 2018(12):25-31.

玲语. 2017 数字营销经典案例 [J]. 互联网周刊, 2018(2):38-65.

王峰. 客户价值的客户关系管理研究 [J]. 环渤海经济瞭望, 2018(10):163-164.

汪泹洲. 大数据环境下社交媒体信息流界面布局优化方法研究 [D]. 东南大学, 2016.

赵红, 赵新宇, 王宗水. 社会化媒体营销: 战略、行动、度量与效果评价 [J]. 管理现代化, 2017, 37(5):72-75.

戚蕾, 张莉. 企业微信营销 [J]. 企业研究, 2013(11):50-52.

赵静. 场景营销研究 [D]. 黑龙江大学, 2017.

李云. OTO 模式探讨 [J]. 福建质量管理, 2016(2):80-80.

孙端, 伍海琳. 基于 OTO 的旅游电子商务平台构建研究 [J]. 技术与市场, 2016, 23(12):14-16, 18.

刘喜咏, 周芳. 网上加盟花店新经营模式探讨 [J]. 黄冈职业技术学院学报, 2008, 10(4):23-24.

浦徐进, 冀博文, 孙书省. 参照效应、渠道竞争和线上销售模式选择 [J]. 商业研究, 2019(2):52-61.

冯文倩, 赵蓓. 西班牙语体验店可行性研究 [J]. 文化创新比较研究, 2018, 2(27):101-102.

刘冲. 新一代与新零售 [J]. 中国眼镜科技杂志, 2017(9):10.

但斌, 刘墨林, 邵兵家, 刘益. "互联网+"生鲜农产品供应链的产品服务融合商业模式 [J]. 商业经济与管理, 2017(9):5-14.

张红军. 论多屏时代电视内容生产和传播策略 [J]. 中国出版社, 2015(14): 33-37.

陈丽. 跨界营销三原则 [J]. 企业家信息, 2011(12):2.

梁晨. 体育赛事品牌传播研究 [D]. 山东大学, 2011.

贺子龙. RTB 广告的传播路径与缺陷思考 [J]. 新闻传播, 2016(11):

56-57.

张会云，尚鑫.快递业"最后一公里"配送模式分析——以菜鸟驿站和丰巢为例 [J].物流技术，2015，34(22):48-51.

李慧云，何震苇，李丽，陆钢.HTML5 技术与应用模式研究 [J].电信科学，2012，28(5):24-29.

柴红年，袁伟巍.赛事赞助商行为目标与需求分析 [J].南京体育学院学报(自然科学版)，2014，13(2):7-9.

刘春.基于 Web2.0 数字时代的消费者网络媒介接触研究 [D].江西师范大学，2010.

任佳春.基于互联网的社会化媒体企业品牌传播研究 [D].大连海事大学，2013.

黎奕林.基于公益营销的企业品牌建设研究 [J].企业研究,2012(20):8-9.

网络文献：

第一章

http://www.sohu.com/a/228083307_116044.

http://groups.tianya.cn/post-184619-1f8cc72176d25c.

http://www.sohu.com/a/228817831_116044.

https://wiki.mbalib.com/wiki/ 品牌核心价值.

http://www.doc88.com/p-8438937606914.html.

https://max.book118.com/html/2017/0529/110060842.s.

http://www.doc88.com/p-816648382999.html.

http://blog.sina.com.cn/s/blog_6a08bb3b0100ws77.html.

https://www.sohu.com/a/213149321_760953.

http://ju.outofmemory.cn/entry/334706.

http://www.mahaixiang.cn/dzsw/543.html.

http://www.sohu.com/a/219478281_465378.

http://www.myzaker.com/article/5b1f2a8977ac640c3f621012/ 实力傲娇的奢侈品电商 Ssense 如何开设首个线下零售空间？

https://item.btime.com/m_2s1cjqyhgz6.

http://www.sohu.com/a/224396469_467758！

https://wiki.mbalib.com/wiki/ 市场细分.

https://baijiahao.baidu.com/s?id=1569914211390213& 经典清热解毒凉

茶——广东秘制凉茶.

http://www.baike.com/wiki/%E6%B6%88%E8%B4%B9%E4%B9.

https://zhidao.baidu.com/question/24416599.html.

http://www.baike.com/wiki/%E6%B6%88%E8%B4%B9%E4%B9.

https://zhidao.baidu.com/question/283340297.html.

http://api.soupu.com/page/news/details/652762.

https://zhidao.baidu.com/question/8978837.html.

http://www.woshipm.com/pd/174984.html.

https://baike.baidu.com/item/ 用户画像 /22085710?fr=aladdin.

http://www.docin.com/p-1370992619.html.

https://wenku.baidu.com/view/5d68045eb84ae45c3b358cb4.html

https://zhidao.baidu.com/question/125394778.html.

第二章

http://zhuanlan.zhihu.com/p/36800063.

http://www.qdaily.com/articles/27720.html.

https://baike.baidu.com/item/RFM 模型 /7070365?fr=aladdin.

https://www.sohu.com/a/194361272_394682.

http://blog.ceconlinebbs.com/BLOG_ARTICLE_250479.HTM.

http://blog.ceconlinebbs.com/BLOG_ARTICLE_250479.HTM.

http://www.doc88.com/p-90222419217.html.

http://www.doc88.com/p-7418979269827.html.

http://www.sohu.com/a/221725844_479945.

http://dy.163.com/v2/article/detail/DABUMR9M0525RR9S.html.

http://mini.eastday.com/a/180927160046635-2.html.

http://www.cicn.com.cn/zggsb/2018-02/27/cms104721article.shtm.

https://doc.wendoc.com/bb5066b38b6f0967b672371ba-2.html.

https://baijiahao.baidu.com/s?id=1586840849411854018&wfr=spider&for=pc.

http://m.docin.com/touch_new/preview_new.do?id=1008735424.

https://max.book118.com/.html/2015/0112/11311665.shtm.

http://www.wendangku.net/doc/.d6b8d9d43186bceb19e8bb85.html.

https://max.book118.com/html/2015/0112/11311665.shtm.

http://www.wendangku.net/doc/d6b8d9d43186bceb19e8bb85.html

http://www.docin.com/p-1550191410.html.

https://www.zhihu.com/topic/20063898/newest.

https://baike.baidu.com/item/NS/20233079.

https://max.book118.com/.html/2015/0112/11311665.shtm.

https://www.mroyal.cn/News_1058.html.

https://www.sohu.com/a/161362307_442971.

https://en.wikipedia.org/wiki/Public_space.

http://www.qdaily.com/articles/16769.html.

http://www.qdaily.com/articles/22967.html.

http://baijiahao.baidu.com/s?id=1579793093368241351&wfr=spider&for=pc.

https://www.topys.cn/article/24788.html.

https://mp.weixin.qq.com/s/I47g0l5FhcM1ot4xuMUpow.

https://mp.weixin.qq.com/s/BLC4uaK7SmulAZvFK sFDg.

http://www.qdaily.com/articles/54953.html.

第三章

https://wiki.mbalib.com/wiki/数字营销.

https://wiki.mbalib.com/wiki/数字营销.

https://weibo.com/pepsico.

https://36kr.com/p/5062818.html.

https://www.sohu.com/a/238579995_487881.

https://baike.baidu.com/item/包装功能/12746547.

https://mp.weixin.qq.com/mp/profile_ext?action=home&__biz=MjM5MjA5MTA2MQ==&scene=124&#wechat_redirect.

https://36kr.com/p/5049699.

https://www.jianshu.com/p/2f7e6a48b9ad.

http://www.360doc.com/cont.ent/17/0727/18/30523412_674591473.shtm.

https://www.sohu.com/a/205206366_712171.

https://baike.baidu.com/item/体验营销/186038.

https://socialbeta.com/t/me-selling-proposition-2012.html.

https://wenku.baidu.com/view/b02ab6e1e109581b6bd97f19227916888486b928.html.

http://www.doc88.com/p-4955160638460.html.

http://www.alibuybuy.com/posts/72551.html.

http://sh.qihoo.com/pc/9de11cb71db42a85b?sign=360_e39369d1.

http://www.sohu.com/a/37358226_266496.

https://www.admin5.com/article/20160325/653699.shtml.

http://www.sohu.com/a/72062470_412457.

http://www.docin.com/p-643055108.html.

https://baike.baidu.com/item/LBS/1742?fr=aladdin.

https://v.qq.com/x/page/c0313oei3w1.html?spm=a2h0k.11417342. soresults.dtitle.

https://v.youku.com/v_show/id_XODY5MTM4ODg0. html?spm=a2hok.11417342.soresults.dtitle.

https://baike.baidu.com/item/iBeacon/13826305?fr=aladdin.

http://baike.baidu.com/item/维度/2399095?fr=aladdin.

第四章

https://www.jianshu.com/p/5653f21140cf.

http://ex.cssn.cn/zx/shwx/shhnew/201803/t20180321_3882716.shtml.

https://www.sohu.com/a/158377708_762557.

http://siso.91job.gov.cn/largefairs/company/id/1455/sid/5/stype/1.

http://m.sohu.com/a/222313641_814195.

http://data.chinaxwcb.com/zgcb/shuzishidai/201508/59001.html.

http://www.weartrends.com/a/25637.aspx.

https://www.sohu.com/a/254595514_135894.

http://mt.sohu.com/20170307/n482646870.shtml.

https://www.xchen.com.cn/shekezazhi/zgcbzz/677508.html.

第五章

https://e.qq.com/success/8393/?showtype=2.

https://baijiahao.baidu.com/s?id=1606396252269869111&wfr=spider&for=pc.

https://baijiahao.baidu.com/s?id=1599071608265483887&wfr=spider&for=pc.

https://www.jianshu.com/p/a151e7b162c4.

http://www.shichangbu.com/article-23635-1.html.

http://blog.sina.com.cn/s/blog_536a26aa0100xmz9.html.

http://www.wowa.cn/glxlw/lygllw/lyglxnlw/lunwen431.html.

http://www.shopbest.cn/Essay-2579.html.

http://www.sohu.com/a/167927457_656944.

http://www.sohu.com/a/240804708_181824.

https://baijiahao.baidu.com/s?id=1606081518545391942&wfr=spider&for=pc.

http://www.sohu.com/a/60238391_374734.

http://blog.sina.com.cn/s/blog_a0c8ea080102vy81.html.

http://m.sohu.com/a/191515815_669280.

http://www.sohu.com/a/191515815_669280.

http://www.360doc.com/content/16/0306/13/31263272_539836977.shtml.

第六章

http://www.sohu.com/a/122288022_466924.

https://doc.mbalib.com/view/84ed3ed9ee057aee702146dc8b4b6c3e.html.

http://blog.sina.com.cn/s/blog_1881960010102ywpj.html.

https://zhuanlan.zhihu.com/p/41028187.

http://roll.sohu.com/20110615/n310212541.shtml.

https://www.sogou.com/link?url=DOb0bgH2eKjRiy6S-EyBciCDFRTZxEJgMUe3qIpy7qz26FDhCNBXEMyyUtg79KV3LfSl5JHZu3ZQmHTGo71MtGm6sHERGtMhGouaEIWVV55-XxxDhBwDiw.

https://www.topys.cn/article/26602.html.

https://www.zhihu.com/question/280240830/answer/412435612.

https://www.topys.cn/article/28058.html.

https://baike.sogou.com/v83165685.htm?fromTitle=%E5%93%81%E7%89%8C%E5%9C%B0%E5%9B%BE.

http://www.sohu.com/a/163416196_207454.

http://www.linkshop.com.cn/web/Article_News.aspx?ArticleId=214457.

http://www.adquan.com/post-4-28641.html.

http://www.sohu.com/a/150570729_300703